朝日新書
Asahi Shinsho 800

陰謀の日本近現代史

保阪正康

JN054004

朝日新聞出版

まえがき

歴史上では、陰謀や謀略は珍しいことではない。今、私たちが信じている史実とて、本来は謀略によって作り出された事実かもしれない。わかってしまえば陰謀だが、わからなければ、英雄たちによって作り出された人類史を変える出来事と記憶されていることもあるだろう。わかってしまえば陰謀、という言い方は確かに不穏当であるが、しかし陰謀、謀略は巧みに計算され、わからぬままに過ぎてしまうケースは決して少なくないと思う。

私は日本近代史に関心を持ち、多くの人に会ってきたのだが、その種の話は数限りなく聞いた。飽きるほどである。例えば、昭和16（1941）年12月7日（現地時間）に、日本がハワイの真珠湾を攻撃した時のこと、ワシントンにある日本大使館の駐在武官だったSさんは、この日以降、大使館の中で日々を過ごした。当日、どんな反応があるのか、ぼんやりと窓外を見ていた。ラジオの臨時ニュースは日本軍がパールハーバーを叩いたことを執拗に報じていた。窓外に人の集まる輪がいくつもできていた。

なかには集団で押しかけてくるグループもあった。彼らは拳を振り上げて、「ジャップをやっつけろ」と叫んでいる。そのうちに、あるグループの中年の男性が、参加者の一部の青年に密かに紙幣を渡しているのが目に入った。そうか動員されているのか、ということがわかったという。確かに、ワシントンの日本大使館にどれほどの暴徒が押し寄せているのかは世界のニュースになるはずだ。これは謀略になるだろうか。もしこの場所にいて確かめなかったら、謀略には気がつかなかっただろうとSさんは言う。

他方、中国での爆殺事件やテロ活動といった日本の謀略は数多く明らかになっている。なぜこれほど謀略を起こし、そして平然としていたのだろうか。

日本の謀略には特徴があって、国内ではわからずとも、国際社会ではたちまちのうちに暴露されてしまう。例えば、昭和3（1928）年6月4日の張作霖爆殺事件である。奉天軍閥の総帥・張作霖は日本の関東軍の要請を入れ、北京から奉天に引き揚げることになった。ところがその列車が奉天城を前にしたとき、満鉄線に仕掛けられた爆弾が爆発して、張作霖は亡くなった。この列車爆発で、死者は20人、負傷者は53人に達したという。

奉天側はこれは日本側の陰謀だと見抜いて、激しく抗議した。しかし、日本は国民党の蔣介石側のテロリストが爆弾を投げたのだと強弁した。とはいえ真相はたちまちに中国国内に、そして国際社会に広がった。

なぜなら関東軍の将校と兵士は、爆発地点で3人の中国人浮浪者を殺害しようとして、2人は殺害し線路わきに放置した。だが、1人は日本側が前夜から飲ませ食わせする歓待ぶりを不審に思い逃げ出した。そして張作霖の息子の張学良のもとに駆け込んで、自分たちを犯人のように仕立て上げようとした関東軍の思惑を全て告白したのである。

この事件は、日本国内では真相は一切知らされずに、「満州某重大事件」と称せられた。関東軍の謀略だとは誰もが思わなかったのである。こういう謀略をどのように評すべきであろうか。身内にわからなければそれでいい、という発想のおかしさは何かがずれているのではないか。謀略とか陰謀というのであればもっと巧妙に行うのであろうが、堂々と中国人浮浪者の二人を殺害し、いかにも国民党の人物らしい持ち物を持たせるといった芸は、全く子ども騙しだったのである。

こういう姑息な謀略を見てみると、謀略や陰謀にも深い洞察力と巧みな分析力が必要とされるということに気がつく。近代日本の軍人には、そのような洞察力と分析力がなかったということにも気づかされるのだ。その面の知性は発達しなかったというのが、日本社会の正直な姿であったと言っていいのではないか。

歴史や思想、あるいは政治に一家言を持つ指導者は、人物眼がはっきりしている。例えばイギリスのウィンストン・チャーチルは、ヒトラーが登場し、やがて政権を握る段になっても一貫してヒトラーを信用しなかった。この男の話し方、話す内容、その語彙、いずれもある狂気性を帯びていると見て取ったのだ。この男は何でもやりかねない、との不安を隠さなかった。ヒトラーの話す内容に寸分もプラスの評価を与えてはいない。「気をつけなければならない人物だ」と常に警戒心を怠らなかった。

チャーチルのような鋭い目は、謀略や陰謀を旨とする人物を見抜くのである。そしてチャーチルはヒトラーとは決して会わなかった。何やら陰謀の片棒を担がされるのはお断りという意味であろう。私たちはチャーチルを見習いたいものである。いや、チャーチルのようにありたいものである。彼は第二次世界大戦の折、ドイツ軍に幾つかのトリックを見せて、戦況をひっくり返すこともあった。無数にあるかに見える戦車などは樹木でできているといった具合であった。そういうトリックを行って「敵」の判断を誤らせる。そういう類の謀略はもっと広範囲に行われていて、戦史を面白くしているように思う。

本書の意図を汲み取って読んでいただければ幸いである。

陰謀の日本近現代史　目次

第2章　事件の伏線、人物の命運　100

写真／クレジット表記のないものは朝日新聞社提供

第1部　陰謀の近現代史

陰謀とは知恵と知恵の戦いである

今年（令和3〈2021〉年）は日本が昭和20（1945）年に太平洋戦争の敗戦を受け入れてから76年になる。1868年に明治が始まり、この敗戦に至るまでの期間は77年だった。昭和20年を境にすると、ほぼ同じ年月が経過したことになる。

明治維新からの日本の近現代史は、時代区分の仕方がいくつかあるものの、昭和20年の敗戦までの期間と、それ以降の期間とに分けられるだろう。前期の77年間の大部分は、日本の軍部が強引な国家運営を行い、全国を焦土と化す悲劇的な結果を生んだ期間と言っていい。しばしば策略をめぐらした期間とも言える。

思えば明治以前の江戸時代は約270年間におよぶ「戦《いくさ》のない時代」だった。島原の乱などの小さな紛争はあったが国内に大きな戦争はなく、鎖国によってほぼ国を閉ざしていたため対外的な侵攻もせず、日本人はこの小国に留まっていた。その間、イギリスやスペイン、オランダなどの西欧列強は領土的野心のもとに諸外国を植民地化していった。いわゆる帝国主義の時代である。天下泰平の日本では戦闘集団である武士の刀は錆びつき、彼らは武士道という哲学や倫理の世界に自分たちの存在価値を見出し、特権階級の座を維持していた。

だが嘉永6（1853）年に米国のペリー提督が来航したことをきっかけに武家支配の時代は急転する。幕藩体制が崩壊し、明治新政府が誕生するや、それまでの鎖国政策を180度転換し、富国強兵の国策のもと、朝鮮や中国に軍事的に介入することとなった。欧米に学んだ政治・軍事の指導者たちは、軍事的に未整備の国を属国にすることが国家を発展させると信じて対外膨張政策を展開したのだ。日清戦争（1894〜95年）、日露戦争（1904〜05年）はこうした国策を象徴する出来事と言える。

やがて軍部は巧妙に陰謀・謀略の手段を身につけていく。軍人たちの陰謀は多くの場合、暴力を伴う。人が人を殴るような個人的なものではなく、国家対国家の暴力は軍事力で相手国を圧倒し、多大な犠牲者を生み出す。

軍部の行動は昭和に入ると、一気に暴走し、軍人は陰謀・謀略にのめり込んだ。昭和3（1928）年に満州で張作霖を爆殺し、昭和6（1931）年には柳条湖事件を起こして翌年、満州国という傀儡《かいらい》国家をつくり上げた。昭和12（1937）年には盧溝橋事件をきっかけに本格的な日中戦争に突入した。その後、真珠湾攻撃（昭和16年）の大戦果に酔いしれながら、アメリカとの戦争が泥沼化し、ついには原子爆弾投下によって無条件降伏に追い込まれることとなる。

昭和の軍人を明治の軍人と比較したとき、大きな違いは陰謀の方法が拙劣、あるいはあからさまになったことだろう。例えば満州事変にしても関東軍の参謀たちの陰謀だが、すぐに見抜かれて国際社会に知られていく。

真珠湾攻撃の「勝利」にも多くの疑問が残る。東條英機首相ら日本の軍事指導者たちは、アメリカに先制攻撃を仕掛けて勝利すれば相手は弱気になり、和平を持ちかけてくるだろうと読んだ。これによって満州国をはじめとする中国での権益を守れるだろうと一方的に思い込んだのだ。願望が込められた思い込みである。

だがアメリカは日本の「一撃」に弱気になるどころか、復讐心を燃やして立ち向かってきた。日本側はアメリカ国民の心理を理解できていなかったのだ。一撃を受けるとしゅんと萎縮してしまうのはあくまでも日本人の特質である。アメリカ人には通じなかったのである。ともあれ、日本は緒戦の戦果を喜んだ。

一方、アメリカのルーズベルト大統領やイギリスのチャーチル首相も、同時に快哉《かいさい》を叫んだ。この国家と国家の「化かし合い」の真相と、日本が開戦に至るまでの策謀の詳細を第1章で明らかにしていきたい。

遡れば、国内の軍部の陰謀は陰惨な形で行われた。本書では詳述しないが、その典型が昭和7（1932）年の5・15事件と昭和11（1936）年の2・26事件である。前者では首相の犬養毅が殺され、後者では首相の岡田啓介は難を逃れたものの、高橋是清蔵相など3人の要人が殺害された。2・26事件を起こした青年将校たちは天皇が同意すると見ての決起だったが、逆に天皇の怒りを買い、銃殺刑となった。ここにも事件の首謀者たちの拙劣ぶりと性急さが表れている。

さらに言えば大正12（1923）年の関東大震災の際に起きたアナキズム運動指導者・大杉栄の虐殺も陰湿な謀略だった。大正という特異な時代、大震災によって広がる虚無感を背景に発生した悲劇でもあった。

この事件では憲兵隊の分隊長だった甘粕正彦が逮捕され、懲役刑を受けたが、彼が真犯人であったかは今も懐疑的に語られている。第2章では歴史に翻弄された人物の命運に絞って述べていく。

古来、歴史には陰謀、策略の類は珍しくない。自己保身のため、組織防衛のため、あるいは国家存亡を懸けた陰謀が図られた。陰謀とはすなわち知恵と知恵の戦いである。勝者が「智者」であり、正義だったということになるのだろう。だが、その裏側の真実は常に覆い隠される。歴史の闇に閉ざされた陰謀に光を当て、検証する作業は、われわれ後世の者の務めでもあろう。

第1章　仕組まれた日米開戦

(1) ヒトラーを利用しようと画策する東條英機

ドイツによるソ連侵攻――百鬼夜行の国際政治

昭和16（1941）年12月8日。日本海軍が真珠湾攻撃に踏み切った日である。この日はさまざまな表現で語られる。日本が亡びに向かった始まりの日とも言えるし、危機突破を試みた初めての挑戦の日という言い方もできる。結果的に近代日本の総決算の日ともなった。しかしどのような言い方がされるにせよ、太平洋戦争の帰趨《きすう》が近代日本と現代日本の分岐点になったことだけは間違いない。

太平洋戦争は軍事上の誤りと政治的な誤り、それに歴史的な判断ミスとが重なり合っての結果ということもできる。その半面で、幕末維新を経ての近代日本がたどるべくしてたどった戦争とも言えるだろう。矛盾がそのまま肥大化したと考えてもいい。

そこでここでは2つの尺度を用いて、太平洋戦争の因果について考えてみたいと思う。2つの尺度とは次の点だ。

①因果関係を極めて短い次元で捉えて整理してみる

②そのため指導者として問われる責任は限定される

言うまでもなく、長いレンジで捉えると、責任の所在は前へ前へと遡り、近代日本の軍事政策を担った山県有朋に行き着く。しかし、これでは責任の範囲が曖昧になっていく。歴代首相に責任を押し付けると、彼らの役割がなおさら曖昧になっていく恐れがあるのではないか。

そこで昭和16年の出来事を見てみたい。

この年の6月22日にドイツがソ連に侵攻した。そこから日本の政治、軍事上の政策が揺らいでいく現実を具体的に見ていくとわかりやすい。

ドイツとソ連の間には、不可侵条約が結ばれていた。ドイツはその条約を一方的に破棄したのである。日本はドイツ、イタリアとの間で三国同盟を結んでいた。さらにこの年の4月には日ソ中立条約を結んだばかりである。日本にとっては考えられない国家間の衝突。まさに百鬼夜行の国際政治であった。

日本はどのような舵取りをすべきなのか。独ソ戦開始時は第2次近衛文麿内閣であったが、近衛がどんな政策を選ぶかが注目された。政治が判断するのか、それとも軍事が前面に出るのか。天皇政治の本質はどこにあるのかが問われたのであった。

軍部内で異なる「南進論」と「北進論」

このころの国策は軍事が中心になっていた。昭和12（1937）年7月からの日中戦争が一向に解決せず、「聖戦」の名の下で国民に負担を強いているがゆえであった。政治は軍事に振り回されてほとんど力を失っていたのである。

昭和15、16年ごろは、中国を支援しているという理由でアメリカ、イギリスなどとの関係が悪化していたが、そういう意識は軍事的視点に過ぎず、国民の間で政治的な反米感情が高まっているわけではなかった。ドイツが突然ソ連に侵攻した時、国民の多くは次に日本がどのような形で国際紛争に巻き込まれるのかという予測もできなかった。

ヒトラーが三国同盟の枠内で日本に何らかの相談をした上でソ連に侵攻したのであれば、同盟を結んでいる意味もあるだろうが、これは裏切りである。近衛はヒトラーのような信の置けない指導者には同盟脱退で応えたらどうかと陸軍側に伝えている。政治的には極めてまっとうな意見であった。これを東條英機陸相は、「それでは信義に欠ける」とはねつけた。ソ連侵攻を利用しようともくろんでいたからだ。

大本営政府連絡会議（戦争政策を決定する会議。昭和16年7月の第39回までは連絡懇談会と言った。第40回以後は連絡会議と称する）を開いて調整することにしたのだが、ここで独ソ戦をどのように利用するかという思惑の違いが出てきた。陸軍の参謀本部（軍令＝作戦を司る）は極めて単刀直入に、「この際、シベリアからソ連に入り、ドイツと挟撃すべし」と北進論を説いた。本来の仮想敵と戦うべしというのであった。陸軍省は石油資源確保のため、南方要域に進出すべきだと南進論を主張した。海軍軍令部も基本的にはこの考えを支持した。

近衛文麿首相。独ソ開戦で開かれた政府・統帥部の臨時会議に向かう＝昭和16（1941）年6月25日、首相官邸

外務省、というより松岡洋右《ようすけ》外相は、南進論と北進論が混ぜ合わせになったような意見を説いた。考えがまとまっていなかったのだ。

それでも南進論と北進論が対立していることは明確になった。こうした対立を踏まえた上で、御前会議によって新たな国策の方向を決定しようとなった。この御前会議は昭和16年7月2日に開かれ、国策の枠組みが決まった。「情勢の推移に伴う帝国国策遂行要綱」として出された文章で初めて「対英米戦を辞せず」という一節が加えられたのであった。その上で南進論と北進論の作戦が書かれていた。

南方に資源確保の体制をつくりあげ、その上で日本に有利な情勢になれば、「武力を行使して北方問題を解決」するという折衷案がさしあたりの方針となった。そのために内地の2個師団を満州に持って行くといった案もすぐに実施された。こうして独ソ戦の始まりとともに、日本はドイツがどれほど勢力圏を拡大するのか、ひとまずお手並みを拝見しつつ次の手を打とうとしたのである。

コーデル・ハルと野村吉三郎・駐米大使との駆け引き

当時の近衛内閣はアメリカとの間で、緊張を緩和するための日米交渉を行っていた。相互が批判し合う重要な問題点についての意見調整である。この外交交渉は同年4月から、駐米大使の野村吉三郎《きちさぶろう》と国務長官のコーデル・ハルとの間で続いていた。双方の狙いは太平洋に波風を立たせまいとする点にあったが、アメリカ側は日本に対して、中国からの撤兵や三国同盟からの離脱を要求した。

日本はアメリカに対して、中国への支援の中止、満州国の承認などを求めて交渉した。当初はアメリカ側が、満州国を承認して中国との和平の斡旋《あっせん》役を引き受けてもいいと条件を示したと伝えられた。

結局これは日本側の思い違いであったのだが、この外交交渉にはもうひとつ複雑な背景があった。結論を言えば、アメリカ側は2人の神父が日本の元官僚と現役の軍人に接触して、アメリカ政府の諒解案《りょうかい》と称して提示したのだが、それは必ずしもそうではなかったのである。この行き違いが日米交渉の土壇場で明確になっていく。

独ソ戦が始まってから、この日米交渉をどうするかについて、松岡外相は閣議や新聞記者とのインタビューで次々と思いつきの発言を行った。対米交渉は中止せよ、日本はこの際シンガポールを攻撃せよとの発言に、近衛は天皇の意を受ける形で松岡外相だけを罷免するために内閣総辞職を行っている。松岡を追い出しただけの第3次近衛内閣は、7月25日に日本軍の南部仏印への進駐を発表した。軍人たちの錯覚の始まりであった。

南部仏印への進駐にルーズベルトが素早く反応

南部仏印へ軍を進めることは、すなわちドイツの力を借りて東南アジアでのフランスの政治権力を出し抜き、南方での資源確保を目指そうとの戦略であった。もっとも、日本側はナチス政権に協力しているフランス本国のビシー政権と交渉を行い、平和裏に進駐すると決めていた。しかしアメリカが、ドイツを利用する日本の東南アジア進出を黙認するとは思えなかった。

ワシントンの野村駐米大使は、もし日本が南部仏印に進出すれば、アメリカがためらうことなく国交断絶の手前まで進む恐れがあると東京に伝えてきた。野村は誠実に外交交渉を進め、こう打電した。

「私は（アメリカが）日本に石油を与えるのは太平洋平和のために必要だと説得してきた。だが日本が南部仏印に進駐すると、私の根拠は失われてしまう。いずれフィリピンの安全も脅かされるとあっては、これからの石油の輸出はとうてい無理だ」

7月24日の野村電は、南部仏印に進駐するなら、ルーズベルト大統領が石油を全面禁輸にする事態もありうるとにおわせていた。この頃の日本は石油の80％以上をアメリカから輸入していた。それが全面禁輸となったら、石油の供給がなくなってしまう。

野村からの警告電報やアメリカの反応を報じる外電などをうかがうと、日本が南部仏印に進駐したらたちまちのうちに資源の枯渇という状態になってしまう。だが日本は現実に計画を進めていくのであった。

アメリカの反応は早かった。発表の翌日（26日）、国内の日本資産の凍結を命じている。アメリカだけでなく、イギリスもこれに従った。さらにオランダも続いた。こうした中、7月28日から3日間をかけて、日本の第25軍は南部仏印に上陸を開始した。

日本の軍事指導者は、アメリカは石油の全面禁輸までは手を打たないとみていた。もしその手を打ったら、アメリカは日本との戦争を決意したことになるはずだ。そこまではいかないだろうと一方的に考えていたのである。

ところがホワイトハウスはためらうことなく対日石油輸出を全面禁止とし、さらに原綿と食料を除いて全面的な通商を禁止とした。日本の軍事指導者たちが考えた以上の対抗措置であった。

この見通しの甘さの寄ってきたる原因はどこにあるのか。太平洋戦争を総合的に分析すると、直接的な敗因は軍事指導者たちの見通しの甘さにあるのだが、その錯誤はこの南部仏印進駐が端緒になっている。本来なら軍事指導者は立ち止まって冷静に考えるべきであった。

御前会議に向かう東條英機陸相
＝昭和16（1941）年7月2日

こうした事態に真正面から向き合ったのは近衛首相だった。彼は軍事指導者と方向性が異なっていたのである。

近衛は陸相の東條英機を呼び、沈痛

な表情でアメリカ側の対抗措置に対して日本は問題解決のための前向きな措置を取るべきだと伝えた。日本は南部仏印以上には進駐しない、その上で「支那事変解決後は撤兵」し、さらにフィリピンの中立も保証してアメリカ側の怒りも鎮めようと考えていたのだ。近衛とすれば、アメリカと不必要に事を構える必要性を認めないとの方針を堅持したいと考えていたのである。

東條は返事を濁した。近衛の案には賛成と反対の両面があるといい、その上でしばらく様子を見ようとの意見を述べた。その真意は、せっかく南部仏印に進駐し蘭印の石油の入手が容易になったというのに資産凍結を受けては日本は動きがとれない、事ここに至れば日米開戦やむなしとの声が陸軍省内部から上がるのを見極めようというものだった。東條はそのような声を代弁する立場にもいたのである。

野村大使、近衛首相ら政治の側の当事者は、南部仏印への無謀な政策を変更すべきだと考えていたが、軍事指導者は少しずつ日米開戦に照準を合わせて行くのである。

奇妙な言い方だが、軍人たちは原因と結果について重大な考え違いをしていた。この頃の軍人の発想はまるで児戯にも似た面があった。わかりやすい言い方をすれば、子ども（A）が子ども（B）を殴ったと仮定しよう。Bは泣く、あるいは怒る。それまでAに与えていたおやつをもうあげないとはねつける。客観的に見れば、Bが怒ったのはAに殴られたからだが、Ａ本人はそうは考えない。おやつをあげないというのは敵対行為だと結果を問題にする。南部仏印への進駐、それに対するアメリカ政府の対応は、まさにそのような構図で語ることができるのだ。

「石油がなくなるなら、機先を制して……」

実際に昭和16年8月以後の日本社会は、軍人たちのヒステリックな声が大きくなっていく。石油の全面禁輸を受けて、軍事指導者は自分たちの側の見通しの甘さを自省するよりも、石油がなければこの国は滅びるとの恐怖感に支配されていた。我々の存亡の要所をアメリカが断とうとしているとの認識であった。

軍事指導者の一部しか知らないことだったが、この時の日本の石油備蓄量は８４０万キロリットルで、消費量から換算すると1年半が限界であった。陸軍省の政策担当将校と海軍省の将校たちの中から、日本は座して滅亡を待つべきか、いや、まだ余裕のあるうちに対米戦を挑み、東南アジアの石油資源の確保を目指すべきではないかといった論が次第に大きくなった。もともと統帥部、つまり参謀本部（陸軍）や軍令部（海軍）は軍事的解決を主張していたため、「石油がなくジリ貧になるのなら、機先を制しての開戦もやむなし」と公言する幕僚が増えていった。

近衛首相は軍内に広まるそうした声に憂慮を隠さなかった。事ここに至っては、フランクリン・ルーズベルト大統領との首脳会談で事態を解決しなければと考えたのも当然であった。付け加えれば、昭和初期の首相で主要国の最高責任者と首脳会談を行った者はいない。日本の首相は常に東京にいて、自分たちに都合の良いように国際情勢を考えていたのである。少なくとも近衛はその弊害を知っていた。

東條ら軍事指導者には、首脳会談で事態を解決するという発想がまったくなかった。だから前述のように、子ども（A）の行為がどう影響を及ぼすのかなど考えもしなかったのである。東條が軍内の開戦という強硬路線を代弁する中、近衛は野村駐米大使に首脳会談開催の提案をルーズベルトに伝えるよう訓令を出している。

この日米の首脳会談について、近衛自身は海相の及川古志郎と陸相の東條に一応は相談している。及川は全面的に賛成と答えたが、東條は「即答できない。陸軍省に持ち帰って検討してみたい」と答えた。近衛は、ここに及んでは首脳会談で状況を変えたい、このままでは戦争になるではないかと、説得している。

東條は陸軍省で日米関係の主務者たち3人と近衛の申し出を相談している。3人とは軍務局長の武藤章、軍務課長の佐藤賢了、軍務課の高級課員である石井秋穂である。武藤と石井は、近衛の意欲は評価すべきだと賛意を示した。だが佐藤は三国同盟を結んでいるのだからアメリカとの和睦はドイツへの信義に反するといい、東條もその意見に傾いていた。日本はドイツを支援しているため、それに抗する道は選ぶべきではないというのである。

東條は自らの考えを文書にまとめ、近衛に提出している。そこには凄まじい一節が含まれていた。以下のような内容である。

「(ルーズベルト大統領が)依然現在取りつつある政策を続行せんとする場合には、断乎対米一戦の決意を以て之に臨まるるに於ては、陸軍としても敢て異存を唱うに非ず」

交渉が失敗したなら、「対米戦争の陣頭に立つの決意」をせよ、とまで書いている。つまり東條はこちらの言い分が通らなければ交渉などしなくていい、すぐに対米戦争を決意せよと近衛に詰め寄ったのだ。

では本当に東條は即時開戦を望んでいたのか、よく調べると必ずしもそうではない。私は昭和40年代の後半から50年代の初めにかけて、前述の石井秋穂に何度も取材を続けた。石井は極めて誠実な軍人で、その生き方はある節操を持っていた(末端の軍官僚として太平洋戦争時の文書を起案したことに責任を感じ、戦後は蟄居《ちっきょ》して生活していた)。この時の東條の心理を次のように語っていた。

「東條さんは近衛さんとは肌合いが違う。近衛さんがルーズベルトと会ったら、三国同盟からの離脱、中国からの撤兵などを突きつけられ、お上(保阪注、天皇のこと)のお許しを得て大譲歩すると疑っていた。それを懸念しての強腰を求めたと思います」

東條の近衛観、近衛の東條観、そこには根深い相互不信があったのである。

(2) ルーズベルトが日本に仕掛けた罠

「日本をあやしておこう」。チャーチルとルーズベルトの結論

この間、昭和天皇の受け止め方はどうだったのだろうか。

実は天皇は、近衛からルーズベルトとの首脳会談について報告を受けた時に、賛意を示している。南部仏印進駐とそれに対する報復に天皇は困惑していた。石油が入ってこないという状況によって、海軍が対米戦に傾くのを懸念していたのである。実際、軍令部総長の永野修身《おさみ》は天皇の前に進み出て、石油が止められたら打って出る以外にありませんと申し出ていた。

8月17日に野村大使はルーズベルトに会っている。ルーズベルトは改めて日本の南方進出に警告を発するとともに、「首脳会談、それ自体は結構なことだ。しかし近衛首相は、日本の立場を明確にする必要がある」とも付け加えた。そう言いながらも会談場所として

アラスカはどうかと述べた。野村はこの折のやりとりを詳細に政府に送り、この会談を成功させ日本は和平の道を選ぶべきであると自らの心情を強く訴えていた。

近衛は野村の電報を読んで喜びを隠さなかった。天皇の支持を受けた近衛の喜びを東條らは不快げに見ていたが、それでも首脳会談を行うことになれば、軍務局長の武藤章と高級課員の石井秋穂が随行団に加わるよう指示している。2人は新たに背広を注文し、頭髪も刈り上げないようにした。少なくとも日本側は首脳会談に応じる体制を整えていったのである。むろん、このことは一般には伏せられていた。

ラジオ放送中のフランクリン・ルーズベルト米大統領＝©共同通信イメージズ

しかし結論を言うならば、この首脳会談は行われなかった。理由は簡単である。

実はルーズベルトはイギリスのウィンストン・チャーチル首相と、8月9日から12日まで密かに首脳会談を行っていた。ドイツのソ連侵攻にどのような態度をとるか、日本とはどういう戦略のもとで外交交渉を続けるかを話し合っていた。そこでの結論は、独ソ戦ではソ連側に立つ、ナチスドイツの壊滅を目指す、そしてさしあたり日本に対しては摩擦を起こさない、しかし日本軍の武力侵攻は許さないというのが米英の当面の方針となった。この方針は歴史上では「大西洋憲章」と評され、連合国側の国々が賛意を示すことになった。

実はこのルーズベルト、チャーチル首脳会談で密かに対日の軍事方針も決められていた。いずれ近い将来に日本との間には武力衝突が予想される。そのためにアメリカは軍備の新鋭化をはからなければならない。戦時体制への移行も差し迫った問題だ。「しばらく日本をあやしておかなければならない」、それが2人の結論であった。

「日本からの一撃」を狙う米英のトップ

ルーズベルトとチャーチルの思惑は、ナチスドイツがヨーロッパを軍事的に席巻している状態をひっくり返すために、アメリカがイギリスをはじめとする連合国側について参戦することだった。そのために「日本に一撃を加えさせて」自動的にドイツに対米戦の戦端を開かせることも内々の了解となった。「日独伊三国同盟」を詳しく分析すれば、ドイツが日本の戦争に「自動的」に加担するかどうかは疑問が残るのだが、米英首脳はドイツ参戦は必至と見たのだ。ルーズベルトや国務長官のハルはその機会を狙っていく。

しかしルーズベルトは、「戦争には加わらない、ヨーロッパでの戦争には中立である」との方針を国民に約束していた。アメリカ国民は第1次世界大戦の体験を通して、ヨーロッパでの戦争に兵を送るのを嫌っていた。加えてアメリカ国内にはドイツ系の住民もいて、その中にはナチスドイツに肩入れする者もいた。ルーズベルトやハルは、アメリカがヨーロッパ戦線に参戦するための大義名分が欲しかったのだ。

三国同盟を推進した松岡洋右外相（中央）とヒトラー総統（左）。総統官邸のバルコニーからベルリン市民の歓呼にこたえる＝1941年3月28日

その前段階として、まず日本にアメリカに対する軍事行動をとらせ、受け身の形で日本との間に戦争状態をつくる方針を立てた。ルーズベルトはその方向に国策を向けようとしていたのであった。

あえてもう一点加えれば、このころアメリカの情報機関は日本政府とワシントンの駐米大使館の間でやりとりされる暗号電報の解読に成功していた。なんのことはない。野村駐米大使への本省からの訓電、野村の本省への報告などは全て解読され、例えば野村がハルに本国政府の意向を伝えてくる前に、すでにハルはその内容を知っていたのである。戦後になって明らかにされたハルの回想録では「私はすでに暗号解読の文章を読んでいたので、野村の前で知らぬふりをするのに演技力を必要とした」といったことが紹介されているほどだ。

こういう状態を整理してみると、アメリカ政府の対日交渉はまず日本に軍事行動を起こさせるための手段だったことが明らかになる。それをいつごろにするかを考え、できれば劇的な形にして戦争状態に持っていきたかったのである。

今にして思えば、ルーズベルトやチャーチルにとって日本の陸海軍の対米戦争派はもっとも便利な存在だった。日本の軍事指導者たちの戦争に訴えるといった強硬論こそ、ルーズベルトたちが待ち望んでいたものだったのだ。それが昭和16年8月から12月8日の真珠湾攻撃までの時間の中で明らかになっていく。

石油輸入を進める商社を陸軍省が脅す

対米戦強硬派は何を根拠にアメリカとの戦争を望むのか。2つの理由を挙げればいいであろう。

ひとつはメンツである。陸軍と海軍の強硬グループは、自分たちの存在を誇示するために常に強硬論を吐く。実際に戦争の現実を想定するより、強硬論を主張する方が優位に立つというのが日本の軍事組織の通弊になっていた。そしてもうひとつである。石油がない、もうわずかで日本はジリ貧に陥ってしまう。そうなれば国として自立し得ないというのが軍人たちの焦りであり、共通の認識であった。

2つの理由を見てもわかる通り、冷静に時局を分析する姿勢とは言えなかった。対米戦争は、昭和16(1941)年の段階で軍事指導部を構成していた軍官僚たちの錯誤と傲慢によって始められたと言ってもよかった。

近衛はルーズベルトとの首脳会談を提案し、こういう方向で行いたいという内容を含んだ文書が日本側からルーズベルトに届けられた。ワシントン時間の8月28日である。ルーズベルトは野村大使に会うと、近衛の前向きのメッセージに感動していると述べた。しかしそのあとに野村と会ったハルは、アメリカと日本の間を円滑にするには、日本が中国から撤兵する以外にないと強い口調で言った。アメリカは原則を崩さないと宣言したことになる。日本政府は野村から、好意的なルーズベルトの会見と否定的なハルの見解の2つの電報を受け取った。

苛立ったのは陸相の東條英機であった。アメリカは交渉をまとめる気がないのではないかと、対米戦への含みを周辺に漏らし始めた。武藤章や石井秋穂らがアメリカ側との会談でどの辺が落としどころになるのかを研究していたのとは対象的であった。そして前述のジリ貧論を基に対米戦を主張する軍事指導部の幕僚たちは、首脳会談自体に冷たい目を向けていった。

ところで、石油の全面輸出禁止を受けても、日本の商社はさまざまな独自ルートを使って石油輸入を考える。実際にそういう商談が進み始めたとの噂を耳にした陸軍省軍事課の幕僚がその商社に乗り込んで、「石油がないとの前提で進んでいる国策の邪魔をするな」と恫喝《どうかつ》した。対米戦を主張する幕僚たちの思惑が次第に表面化していくのである。

日清・日露の戦争でもなかった異様さ

軍事指導部の軍人たちは正面切って対米戦を主張せず、極めて狡猾《こうかつ》な言い方を試みた。南部仏印進駐が決まった7月2日の御前会議の折、「帝国国策遂行要綱」には前述のように「対英米戦を辞せず」の方針で軍事行動を起こすと明記されていた。ただ、この段階では戦争を辞せざる決意という覚悟を述べたに過ぎなかった。日本がこういう覚悟をしていれば、たとえ南部仏印に進駐してもアメリカは報復措置を採らないだろうと読んでいたのである。

しかし現実は違った。すでに述べたようにアメリカの報復は、日本の軍事指導部が予想したよりもはるかに厳しい措置であった。

その後は近衛とルーズベルトの首脳会談の可能性について様子見が行われていた。しかし、8月の終わりになっても会談への進展がないことに焦るジリ貧論者は、次第に「対英米戦を辞せず」という一節を現実の選択肢とせよと言い出したのだ。

そこで大本営政府連絡会議（9月3日）での決定を天皇の臨席を仰いで確認するための御前会議を9月6日に開き、国策をどのように決めるかという一連の日程が立てられた。当時の国策は議会がほとんど関わりを持たないようなシステムになっていた。戦争政策をこの連絡会議で決定するという意味で、まさに軍事主導主義国家であったのだ。

話が前後するが、この大本営政府連絡会議の前に、「対英米戦を辞せず」をどのように国策に組み込むかの話し合いが陸軍省、海軍省、そして陸軍参謀本部、海軍軍令部の四者で行われた。日本が戦争をすべきか否かをこの四者で調整するという形は、近代日本の歴史を振り返ってもまさに異様であった。明治の日清戦争、日露戦争もこんないびつな形ではなかった。

四者会談の叩き台には海軍省の幕僚が作成した案が用いられた。そこには「対米英蘭戦を決意して」という一節があった。その決意で外交交渉を進めるというのである。

これに対して陸軍参謀本部作戦部長の田中新一は、石油が止められたのだから開戦は早い方がいいと主張した。一方、海軍軍令部作戦部長の福留繁は軍令部の幕僚を抑える形で、もう少し外交を見守ろうと言い、陸軍省軍務局長の武藤章、海軍省軍務局長の岡敬純《たかずみ》もそれに同意した。そこで三者の意見をまとめる形で「対米英蘭戦を辞せざる決意の下に」と訂正された。こういう字句いじりが軍官僚のメンツで続けられたのである。

(3) 運命の御前会議、出席者は9人

主戦論者が外交に強いた枠組み

9月3日に開かれた大本営政府連絡会議は、7月2日に決まった「帝国国策要綱」をどのように変えるかの会議であった。3日後の6日の御前会議で政治、軍事指導者はどのような決定を天皇に示すべきか。その最終調整をするのがこの連絡会議の役割であった。

まず初めに軍令部総長の永野修身が新たな要綱の説明を行った。そこには凄まじい内容があった(文書は片仮名だが引用にあたっては平仮名に変える)。

永野は外交の見込みなき後は「早く決意するを要する。今なれば戦勝のチャンスあることを確信する」というのであった。いわば即時開戦であった。陸軍参謀総長の杉山元は当

時の内閣が提示している3案についての意見を述べたが、その第3項には「外交交渉により10月上旬頃に至るも、尚ほ我要求を貫徹し得ざる場合に於いては直ちに対米（英蘭）開戦を決意す」とあった。

杉山は外交交渉がズルズルと延びるのに反対だと言い、北の作戦（ソ連との戦争）を考えて、南には早くに作戦を進めるべきだと主張した。ここで明らかになったのは、統帥部（参謀本部、軍令部）がすぐにでも戦争を望んでいるという事実であった。

御前会議のため参内する杉山元・陸軍参謀総長（左）と永野修身・軍令部総長＝昭和16（1941）年7月2日

付け加えれば、第1項では対米（英蘭）戦争を「辞せざる決意の下に」、10月下旬を目途に戦争準備を完整するとうたっていた。第2項は外交交渉に専念するとの条文になっていた。統帥部は天皇の前で、開戦を早く決意すべきであるとの論を展開することを明らかにしたのである。

この時の会議で、海相の及川古志郎は第3項の「我が要求を貫徹し得ざる場合」という一節に疑問を示し、「我が要求が貫徹し得る目途なき場合」と直してほしいと要求した。海軍省としては、こうしておけば10月下旬になった段階で、目途があるかないかの議論ができ、開戦に歯止めをかけられると読んだのである。

近衛はこうした議論に積極的に関わっていない。あれこれ議論したところで、最終的にルーズベルトとの会談で決着をつけようと考えていたからだ。軍事の主戦論者が外交交渉に対して巧妙に「10月上旬」という枠組みをつくってきたことにも、さして関心を示さなかった。実はそういう近衛を叱りつけたのは昭和天皇だったのである。

御前会議の前日5日、近衛首相が天皇の前に進み出て、御前会議でどのような内容を話し合うかを説明すると、天皇はすぐに苛立ちを示した。というのは、近衛の持参した「帝国国策遂行要綱」草案にはこれから採るべき日本の選択肢が3項に整理されているが、その順序がおかしいのではないかと質《ただ》したのである。確かに指摘通りである。

すでに述べたように、第1項は10月下旬を目途に戦争準備を完整するとあり、第2項は外交交渉に専念とあった。そして第3項は10月上旬に外交交渉がうまくいかなければ戦争を決意するとあった。天皇は、「これでは第一が戦争で、第二が外交ではないか。この点を御前会議では尋ねてみたい」と注文をつけた。近衛は「いえこれは軽重を指しているのではなく、単に項目を並べたのです」と弁解している。

しかし天皇は納得していない。そこで参謀総長の杉山と軍令部総長の永野をすぐに呼ぶように命じている。天皇は2人に、戦争を主にして、外交を従にしているではないかと強い口調で確かめている。2人はこもごも、そうではないと答えた。しかしそれは連絡会議などでの発言と異なっている。彼らが天皇の疑問に答える発言と、政治、軍事の国策決定会議の時の発言は全く異なっていた。むろんこれは2人だけでなく、陸相の東條や後の海相の嶋田繁太郎らにも共通している。その点では軍事指導者は二枚舌を使っていたと言っていい。

この時も天皇は2人に対して「要するに統帥部も外交に重点を置くと理解していいのだな」と詰め寄った。2人は「その通りです」と答えた。アメリカとの外交交渉を第一に考えていて、戦争は第二だなと、この場で確認されたのである。2人はその約束を守ったかが改めて問われることになった。

「四方の海……」。明治天皇の和歌を詠む

そして9月6日の御前会議である。この会議は午前10時から正午まで行われ、天皇を含めて16人が出席した。結果的にこの会議は第3項に沿って国策が進むようになるのだが、杉山、永野らの統帥部は、天皇の意に沿うように外交の行く末を見守るという言を付け加えた。天皇は最後に発言を求め、祖父である明治天皇の御製（自作和歌）を出席者の前で

声にして2度も諳《そら》んじた。

「四方《よも》の海皆はらからと思ふ世になど波風のたちさわぐらむ」

日露戦争時の御製を2度も口にしたのは異様なことだった。普通、天皇は御前会議で口を開くことはまったくなかったからだ。天皇は戦争には反対していたのである。

ここで太平洋戦争に至るプロセスで知っておかなければならないことが2つあると、私は考える。次の点である。
(1) 昭和天皇は戦争をどう捉えていたか。
(2) 真に戦争政策を決定したのは誰だったか。
この2点についてひとまず説明しておこう。太平洋戦争への道筋では、これらが重要な意味を持つからである。

まず第1の天皇は戦争をどう捉えていたのか。昭和天皇は戦争を容認したから好戦主義者だとか、あるいは戦争に否定的だから平和主義者だとの見方はいずれも誤りと言うべきである。

天皇は「皇統を守る」のが目的であり、その手段として宮中での祈りや祭祀があるはずであった。この手段の中に軍事指導者たちは「戦争」を持ち込んだのである。

もっとわかりやすく言うなら、軍事指導者たちは「皇統を守るためには戦争しかない。なぜなら石油がない以上、この国は自存自衛していけないのだから」と、天皇に詰め寄ったのである。

40歳の誕生日を祝う観兵式で「白雪」に騎乗する昭和天皇＝昭和16（1941）年４月29日、東京・代々木練兵場（現・代々木公園）

御製を口にしたのは、日米関係を正すのは外交交渉しかない、私は戦争は嫌だという意思表示をしたことになる。つまり昭和天皇は手段に戦争を選ばないと明言しているのである。このことがわかると、昭和という時代の天皇と戦争の関わりを新たな目で見ることができる。
前日の５日に近衛と軍事指導者たちが天皇から、外交を第一にせよと言われたのならば、戦争を軸にしている項目の順位を変えるのが筋なのに、彼らは無視している。さらに明治天皇は日清、日露の戦争の時は当初は強く反対していた。そういう事実を勘案していくと、軍事指導者には抑制した姿勢が必要だった。ところが彼らは天皇に二枚舌を使いながら、責任だけは天皇に押し付けたのである。天皇制ファシズムのからくりである。

最終的に開戦を決めたのは、9人の官僚

前述の項目の2点目はどうか。戦争政策は誰が決めたのかという重要な項目である。決定は天皇が臨席しての御前会議というのが建前になっている。しかし果たしてそう断言できるのか。太平洋戦争に至るプロセスを見てみると、実際には大本営政府連絡会議が戦争への道筋を決め、そして御前会議が承認するといった形であった。

9月3日の連絡会議で外交交渉に期限を決め、戦争へと歩みを一歩進めた。天皇の意思を無視して、6日の御前会議では追認している。この御前会議は日本の国策として戦争を選択したという意味を持つ。そして11月29日の連絡会議で開戦を決め、12月1日の御前会議で正式に承認されるというのが歴史上の流れであった。

そこで時間を進め、あえて11月29日の連絡会議のことを語っておきたい。最終的に戦争を決めた連絡会議の出席者の責任は重いという視点で見ていくということである。さらに言えば、この時の出席者で9月3日の連絡会議にも出席していた者は責任の重さが倍加す

ると考えていい。

まず開戦を最終的に決めた11月の連絡会議の出席者は、政府側から次の5人（東條は2役兼務）である。東條英機（首相、陸相。この時は東條内閣になっていた）、嶋田繁太郎（海相）、東郷茂徳（外相）、賀屋興宣《おきのり》（蔵相）、鈴木貞一（企画院総裁）。

大本営、つまり軍事指導部からは次の4人である。杉山元（参謀総長）、永野修身（軍令部総長）、田辺盛武（参謀次長）、伊藤整一（軍令部次長）。この他に陸軍省、海軍省の軍務局長が幹事役として出席しているが、発言権はない。わずか9人で戦争が決まったということになる。

このうち9月の連絡会議にも出席していたのは、東條、鈴木、杉山、永野の4人である。さらに開戦決定の9人はいずれも官僚、しかも7人は軍官僚である。文官の東郷外相に至っては開戦日も知らされておらず、12月8日の開戦まで偽装外交をしろと詰め寄られていた。まさに軍人による、軍人のための戦争であったのだ。

対米英蘭戦争は実際にはこの9人で決まったという事実を、私たちは忘れてはいけない。本来なら首相と陸相の2役を兼ねる（さらに内相も兼任）ほどのんびりした時代ではない。東條が陸相を他の誰かに譲るのが筋だと思うが、この軍人が主要ポストを握っていること自体に時代の歪みが出ていた。なぜこんな異様な形になったのだろうか。

私の見るところ、東條が首相ポストに就いたのは、内大臣の木戸幸一と天皇の合意によると思われる。では2人はなぜ東條を信頼したのだろうか。

理由はひとつに絞られる。表面上は天皇にもっとも忠誠を誓っているように見えたからだ。この時期の侍従だった岡部長章《ながあきら》からの直話だが、東條は天皇の前ではまるで新兵のように型にはまった言動を取っていたという。このころまで陸軍の軍人の中には自分たちより20歳近く若い天皇を、まるで自分が鍛えるかのような振る舞いをする指導者が多かった。例えば参謀総長の杉山元などもそうで、しばしばその場限りの出まかせを言うことがあった。天皇はそれを見抜いていたのである。全体に陸海軍の指導者は天皇の発言を軽視する傾向にあったが、東條はそうは見えなかったのである。木戸はそういう東條を使って開戦に傾く軍内を抑えようと天皇に伝え、近衛の後の首相に東條を推して天皇を納得させたのである。これは冒険でもあった。東條は軍内の強硬派（開戦派）を代弁していたのを、今度はその抑圧者になれと命じたに等しかったからだ。

結果的にこの試みは失敗している。その点では木戸の責任も大きいというべきであった。

（4）近衛と東條との対立

「戦争に自信がないとは何か！」

話を進めすぎたが、こういう結果論を踏まえてもう一度、昭和16年9月から10月の歴史的な流れを見ておくことにしよう。

駐米大使の野村吉三郎と国務長官のハルとの会談は、首脳会談を巡って特別の進展はなかった。アメリカ側は日本に中国から撤兵せよと迫り、それを日本側は拒むということの繰り返しであった。日本国内では近衛首相が何らかの形での撤兵を画策していた。

10月12日、この日は近衛の50回目の誕生日であった。近衛は東京・荻窪の私邸に東條（陸相）、及川古志郎（海相）、豊田貞次郎（外相）、それに鈴木貞一（企画院総裁）を呼んで最終的な話し合いを行った。近衛と豊田は中国撤兵を受け入れれば交渉妥結の可能性はある、と東條を説得している。

東條は、及川海相も加わった3人の説得に反論している。その論法は次のようなものだった。

「外交交渉をまとめる確信があるなら、戦争準備はやめる。しかし確信がなければ、やめるわけにはいかない。外交だけというのでは問題である」

いわば開き直りである。豊田は「陸軍が駐兵に固執するなら交渉は成り立たない。譲る気がないのか」と外相の立場から説得する。すると東條はすかさず「駐兵は陸軍の生命線であり、決して譲れない」と反論している。その上で「9月6日の御前会議での決定では、10月上旬に外交交渉の目途が立たないときは戦争準備をすると決めたではないか」と声を高くして豊田と近衛を批判した。

東條のこの発言は実は矛盾そのものだった。外交交渉を成功させるには、日本も譲歩しなければならない。その譲歩を一切なしで交渉してまとめろと東條は叫んでいる。そして9月6日の御前会議の決定をどう考えているのか、と詰め寄った。外交交渉をまとめさせないよう画策しつつ、戦争準備を公然と要求したことになる。

4人の論議は次第に感情的になった。近衛の私邸でのこの会談は、およそ4時間も続いたといわれるが、その中では次のようなやりとりも行われた。核心になる問答と言ってもよかった。

「私は外交でやるという以外に選択肢はないと思う。戦争に私は自信がない。自信がある人がやるといい」

近衛のこの発言に東條は怒りの口調で反論する。

「戦争に自信がないとはなんですか。それは国策遂行要綱を決定するときに論じることでしょう。今になって不謹慎ではないか」

東條のこの言に近衛も豊田も表立って反論できない。なぜならルーズベルトとの首脳会談ばかりを気にしている近衛と豊田は、国策遂行要綱を決めるとき、軍の言い分にまともに取り合わなかったからだ。

東條のこの発言に真正面から反論できるのは、実は天皇だけであった。戦争を第一にするおかしさを指摘したのは天皇だったからである。東條は自らの発言が近衛や豊田には耳が痛いものだとわかっていたが、天皇に背くことになるとの意識はなかった。一度下した結論は変えてはならない、というのが東條の信念だったのである。

驚かれた東條発言「譲歩とは降伏である」

東條陸相と近衛首相の対立は、単に外交か軍事かという衝突ではなかった。12日の近衛の私邸での四者会談以後、2人は極めて感情的に意見をぶつけ合った。14日の閣議では、近衛は「支那撤兵」を懇願の形で東條に伝えている。すると東條はますます居丈高になり、「撤兵とは退却のことです。譲歩し尽くす、それが外交というものですか。それは降伏というものです」と発言し、他の閣僚たちを驚かせている。

こうした閣議でも、東條は9月6日の御前会議の決定を守るべきだと声高に論じた。戦争の準備をせよとか、10月下旬に外交に目途が立たなかったら戦争だという直接の言い方をしないで、御前会議の決定を守れと言い続けるところが、東條が軍官僚とか小官吏といわれる所以だった。閣僚の全てが御前会議に出席しているわけではないから、東條の発言は何を言っているのか曖昧でもあった。

この日かその翌日、東條と近衛は最後の会話を交わし、東條は戦争を恐れる近衛に、「人間、一度は清水の舞台から飛び降りるような覚悟が必要だ」と伝えている。また、近衛が戦争が好きなら好きな連中でやるがいいといった言を吐いたところ、東條は「これはもう性格の違いですなあ」と言って問答をはぐらかした。

この時の2人のやりとりは、太平洋戦争に行き着くまでの人間ドラマと言えた。同時に天皇と運命共同体のような公家と、軍事で一等国を目指そうとする軍人との戦いであり、そして天皇をどう見るかの差でもあった。近衛のように千年近い歴史を持つ家柄では天皇制を守り抜くという発想、思考が意識の中に眠っている。反して東條のような軍人は天皇に仕えるという姿勢を見せながら、その実、自らの栄達を考えての行動が多かった。

あえて言えばこれが重要なのだが、東條は「支那撤兵」は10万の兵士の血によって獲得した権益を失うことになると反発する。しかし近衛の論は、10万の兵士の血によっての中国への侵略は、これからも犠牲が増えるだけと教えているとの意味を含んでいた。これが2人の判断の分かれ目だったのである。近衛は首相として自らの論で東條を押さえつけるべきであった。しかしそうはせずに辞めると言い出し、実際に身を引いた。そのため東條への大命降下（組閣の勅命）となったのである。東條の錯誤はさらに肥大化していく。

なぜ東條は首相になったのか？

ここで改めて、なぜ強硬派の東條が首相になったのか、そのことを確認しておく必要がある。歴史から教訓を学ぶという意味でも、この不思議な人事が結局、この国の極めて大きな反省材料になっているからだ。そこを理解するためには事実をまずきちんと押さえておく必要がある。

近衛は昭和16（1941）年10月16日に辞意を固め、閣僚の辞表の取りまとめに入った。その一方で次期首班はこのような苦境の時なので、皇族内閣がいいのではないかと申し出ている。これに対して天皇は東久邇宮《ひがしくにのみや》内閣に反対の旨の意思を伝えた。内大臣の木戸幸一は近衛、東條の双方から、東久邇宮内閣で日米関係の正常化を図るべきで、臣下の者では事態の解決が難しいとの見解を伝えられている。

特に東條は、東久邇宮が陸軍の軍人であり、政治的にはどのような勢力とも関わりがないことから、自分たちの意見を受け入れてくれるだろうとの思惑もあったようだ。木戸は東條に対して、天皇が東久邇宮内閣に消極的であると伝えている。2人の話し合いで9月

6日の御前会議の見直しと、今は陸海軍の一致が必要だとの認識で折り合いがついた。そこで木戸が近衛に電話して東條の意見について聞くと、近衛は現内閣で打開の道は探れると答えたが、すでに近衛自らが閣僚の辞表を集めている段階であった。

東條は木戸には9月6日の決定を見直すとの意思を伝え、総理の近衛には逆の意思を伝えている。木戸に伝えるというのは天皇に伝えるという意味も持っている。明らかに二枚舌を使ったことになる。

10月17日、近衛内閣の辞任を受けて、次期首相を決めるための重臣会議が開かれた。出席者は若槻礼次郎、岡田啓介、広田弘毅、阿部信行、林銑十郎らの首相経験者、そして枢密院議長の原嘉道と木戸である。日米関係が思わしくない状況であることは、むろん誰もが知っていた。

宇垣一成ではどうかとか、海軍に籍を持つ皇族内閣はどうか、という声が出た後に木戸が発言を求め、出席者が驚くことを言い出した。

「今必要なのは、陸海軍の一致と9月6日の決定を再検討することだ。そこで、東條陸相に大命降下してはどうか。その場合は陸相も兼ねてもらい、陸軍を抑えさせるのだ」

木戸の言はすぐさま反発を呼んだ。東條の二枚舌を知らず、強硬派の軍事指導者に政権を委ねるというのでは、日本は戦争の道を歩む方針を内外に公然と明らかにしたことになる。実際、海外に戦争のシグナルを送ったことにならないかとの声も上がったが、それは多数意見にはならなかった。

　しかし東條を使って対米戦の強硬派を抑えつけるという荒療治は、木戸の説得によって重臣たちも納得した。これは木戸のシナリオ通りの結果とも言える。木戸はこのことを自らの日記（『木戸幸一日記』）に書き残している。東久邇宮内閣に反対したのは「臣下に人なきか」となると案じたからであり、日米戦に突入して予期せざる結果になれば「皇室は国民の怨府《えんぷ》となるの虞《おそ》れ」があることを挙げている。

　同時に、客観的に見て近衛に匹敵する首相候補者がいないことも事実だと認めている。そこで東條を使い、その東條に「国策をもう一度見直すように」という天皇の言葉を伝えて、その枠の中での首相にしようと考えたのだ。天皇は東條に「卿に内閣組織を命ず」と伝えた上で、海相とともに協力態勢をつくって事に当たれ、とも命じている。

　東條はこの言を聞き、全く予想していなかったため足が震えたと秘書の赤松貞雄に述懐している。のちに東條が書き残したメモには、「全ク予想セサリシ処ニシテ茫然タリ」とあった。控室に戻ってきた東條は興奮のあまり体を震わせ、うつむいているだけだったというのが、赤松の証言である。東條は赤松を連れて靖国神社、東郷神社などを回りながら、赤松に、「この上は神様のご加護を経て組閣に当たりたい」と呟いている。

こうして誕生した東條内閣に、国内の対米戦強硬派は率直に喜びを表した。参謀本部の部内日誌には「遂ニサイハ投セラレタルカ」と書かれている。アメリカ海軍は一時、日本が軍事行動を選択したと太平洋艦隊に戦時態勢を取るように命じている。しかし駐日大使のグルーが、東條内閣は近衛路線を継承するとの内部情報を本国に打電してアメリカ海軍も警戒態勢を解いた。とはいえ、強硬派の東條が出てきた以上、日本が戦争を決意したと国際社会が受け止めたのも無理はなかった。

これまでの政策を白紙還元する内閣、そして海軍と緊密に協力する内閣、戦争に走る強硬派を抑える内閣、東條には多くの制約、条件が加えられた。

(5) 国策再検討会議のトリック

新聞も国民を誘導した

ともかくも10月18日に東條内閣は誕生し、およそ50日後に太平洋戦争が始まったことになる。そのことは、首相に推されるにあたって求められた天皇からの3条件を東條が果たせなかったことを意味する。

東條英機内閣。東條の右は鈴木貞一企画院総裁。第３列右から３人目は東郷茂徳外相、後列右端は岸信介商工相＝昭和16（1941）年10月18日

繰り返しになるが、３条件とは「９月６日の御前会議を白紙還元」「海軍との協力」「対米戦強硬派の抑圧」である。東條は歴史的には主権者である天皇の意思に沿うことができなかったのだから、相応の責任を負わなければならない。天皇の在位理由である「皇統を守る」という目的のために「戦争」という手段を持ち込んだ責任は重い。

さてこの50日の間、東條内閣はどのような政策を進めたのだろうか。いや、いかにして３条件を実現できなかったのだろうか。この50日間の東條は自らの地肌（陸軍強硬派の姿勢）を隠しながら振る舞ったが、大本営政府連絡会議などの軍事関係の出席者はほとんど変わらないのだから、周囲は東條を強硬派と捉えていた。結果的に、東條は強硬派の姿勢

を隠すことができなかったことになる。
50日間をあえて4段階に分けると、①国策再検討会議、②日米交渉再開から乙案提出まで、③ハルノートの提示を受けるまで、④それ以後の開戦準備といった具合になる。順を追って述べていきたい。

折々の東條の態度は表面上は強腰であった。東條は組閣後しばらくは内相も兼ねていた。首相、陸相に内相も兼ねたのは、国内の不穏な動きを監視するためであり、陸軍の憲兵隊だけでなく、特高警察を使って「右翼と左翼」を取り締まろうというのであった。メディアへの検閲を行おうとしていたためもあった。

東條が内相になってからの新聞は、露骨にアメリカへの嫌悪感を表す方向に向かった。アメリカは個人主義で経済至上主義、道徳の退廃した国という内容で、ある新聞は「見よ、米国反日の数々」「恐るる国にあらず」といった内容で国民を誘導している。本来なら米国との友好を説くべきなのに、国民には反米の国内団結を訴えていたのである。

ホワイトハウスには駐日大使のグルーから「日本は日米交渉に失敗したら、全国民がハラキリの覚悟で一大事を行うかもしれない」との電報が届いていた。ルーズベルトとハルは日本側の傍受電報（マジック）の内容が次第に戦争に向かっているのを確認していたのであった。

和平項目の検討は最後に回された

東條内閣はまず国策の再検討会議に入った。そのためにいま対米交渉で懸案になっている課題を11項目に整理して、それを大本営政府連絡会議で論じることにした。その項目の下案をまとめたのが陸軍省軍務局の高級課員・石井秋穂である。

前述したが、私は昭和40〜50年代に、山口県に住む石井に何度か取材を続けた。石井によれば、この項目案の狙いは「日本は本当に戦争ができるのか。いやしなければいけないのか」を明らかにする点にあったという。11項目のうち8項目は戦争を想定し、残りの3項目は和平の場合の国力の内容を吟味するものであった。石井は、陸軍省の将校は外交交渉で日米関係を正す意思があり、海軍省もその方向だったと証言した。

しかし、統帥部門は陸海軍とも早くから「軍事作戦に踏み切れ」と主張していた。参謀たちは「東條はそんなに腰抜けだったのか」と罵倒し始めていた。

陸海軍の将校や参謀たちは、東條に伝えられている天皇の3条件を知らない。東條が首相になったのだから、これまでの発言が認められたと思っている。だから東條が裏切り者に見えた。

11項目を再検討する大本営政府連絡会議は10月24日から11月1日までほぼ連日続けられ

た。合計7回にわたっての会議であった。近衛内閣の時と違って外相が東郷茂徳、蔵相に賀屋興宣、海相には嶋田繁太郎が新しく加わったが、彼らは全員これまでの詳しい経緯を知らないので、納得できる説明を聞きたいと初めに申し出ている。

この11項目の再検討会議が24、25日の初めに論じたのは「対米英蘭戦争ニ於ケル初期及数年ニ亘ル作戦的見透シ如何」「今秋南方ニ開戦セハ北方ニ対スル関連的現象如何」、そして「船舶ノ消耗量如何」といった項目であった。これでは戦争を第一として外交を第二とする方向の論議である。対米英蘭戦争を行うのにはどういう時期がいいのか、その場合、ソ連は攻めてくるのかといった論が語られている。

外交に力を入れるなら第10項の対米交渉は短期間にまとめられるかという点と、「我最小限度要求ヲ如何ナル程度ニ緩和セハ妥協ノ見込アリヤ。右ハ帝国トシテ許容シ得ルヤ」が重要であった。しかし、これを論じたのは最終日の前日であった。もし東條が外交に力を入れるのなら、この項目こそ初日に論じるべきであった。国策再検討会議がトリックと言われる所以である。

和平を前提とした項目は10月30日に論じられた。

まずは「日米交渉ノ見込如何」が取り上げられた。現状では妥結の項目は可能性がゼロという点で出席者の意見は一致した。日本が撤兵を受け入れない限り妥結の可能性はないという点で一致しているとも言えた。

そこで次に、日本はどこまで譲歩できるかが議論の対象になった。

この時の議事録をまとめた史料『太平洋戦争への道（資料編）』（角田順ほか編）によると、三国同盟は変更しない、仏印からの撤兵もしない。駐兵撤兵については東郷外相が早い撤兵の方がいいと発言したのに対し、他の出席者は反対した。そこで東條は「永久に近い言い方をするのはどうか」と年数を入れる案を口にしている。これに対して参謀本部次長の塚田攻《おさむ》が「それでは弱きを見せることになる」と反対している。

東郷と塚田、参謀総長の杉山元との間で議論が続いた。東郷の意見は孤立していることが明らかになった。

この後、「米提案ヲ全面的ニ容認スル場合日本ハドウナルカ」が論議の対象になった。東郷を除いて、全ての出席者が「帝国ハ三等国トナルヘシ」との判断を示した。「外相ハ条件ヲ少シ低下シテ容認セハ何テモ好転スルト判決シ一同ニ奇異ノ感ヲ懐《イダ》カシメタリ」と先の史料にはある（これは陸軍省軍務局長の武藤章の記述による）。東郷が遠回しに外交交渉とは妥協が必要だと言った意味が、軍官僚には通じなかったのだ。

（6）「空白の一日」

嶋田繁太郎・海相の意外な申し入れ

東條がこの議論をもって終わり、明日には結論を出したいというと、蔵相の賀屋は「一日考えさせてくれ」と言い、東郷は「頭を整理したい」と申し出た。杉山や永野は、急いでいるので早く結論を出したいと促した。東條は、ここまでくれば3案のうちいずれかだろうと言って、

①戦争を避けての臥薪嘗胆《がしんしょうたん》
②直ちに戦争を決意、戦争により解決
③戦争決意のもとに戦争準備と外交を並行

と、その内容を示した。確かに天皇の意に沿うように項目を並べてはいるが、東條の本心が②であることは、国策再検討会議の流れの中でより鮮明になっていたのである。

大本営政府連絡会議は1日置いて11月1日に最終的な会議を開き、結論を出すことになった。賀屋と東郷の申し出によって、10月31日は各人が考える日となった。太平洋戦争に

至るプロセスで、実はこの一日は重要な意味を持つ。会議ではそれぞれが自らの出身母体を代表しているのだが、はからずもこの日は個人として対米英戦争をどう考えているかを明らかにしたからだ。

東條は密かに参謀本部の様子を軍務課の将校に探らせた。すると参謀本部では早朝から部長会議を開き、「即刻対米交渉ハ偽装外交トス」と決めていることがわかった。すぐに開戦せよというのである。東條はその性急さとは一線を画していたので顔をしかめた。

その東條を海相の嶋田繁太郎が訪ねて意外なことを言いだした。鋼材の国内生産量の70%を海軍に回してほしいというのだ。その上で嶋田は、それが戦争か否かの判断の前提になりますと補足した。

これを知った陸軍側は、海軍は自分たちの利害で動くのかと怒った。嶋田にすれば、部内に開戦に積極的な動きと消極的な動きがあり、そのいずれも出さずにまずはこの論を持ち出すことで海軍の内部をまとめようとしていたのである。嶋田の申し入れを聞いた東條は、海軍はこの申し入れを受け入れられないとの理由で戦争決意の責任を陸軍に押し付けるのではないかと不安になった。心中では申し入れを受け入れるつもりになっていった。

一方で文官側も独自に動いていた。

東郷は外交交渉を諦めるべきではないとの方針で、交渉を二段構えにすべきだと考えた。

実は今進めている交渉の日本側の条件を「甲案」として新たに「乙案」を作り、幾分かの譲歩をすべきだとの案をまとめていた。蔵相の賀屋は即刻開戦には否定的ながら、軍事にどう対抗すべきかの策を練っていた。

このように連絡会議の出席者たちの思惑は明らかに「開戦よりは外交に」との思いに傾いていたのである。

東條は参謀総長の杉山元を呼んで、外交を進めつつ戦争準備をする方向にせよと説得した。杉山が拒否すると東條は激高して「統帥部が自信があるなら、すぐにやるといい」と応じた。2週間前の、まさに近衛が東條に発した言葉でもあった。

日本の岐路——16時間の激論

最終的に国策を決める大本営政府連絡会議は11月1日の午前9時から始まり、途中に何度かの休憩時間を挟んで、翌2日の午前1時まで続いた。実に16時間の長さであった。戦争か外交かというのは天と地ほどの開きがあるわけだが、その岐路に立っての会議はそれだけの重みがあるとも言えた。

会議の冒頭で嶋田海相は、鋼材を海軍に優先的に渡してほしいとの注文をつけた。これに対して杉山元は「では鉄をもらえば開戦を決意するのか」と激しい口調で言い返した。

嶋田はそれには直接に答えず、鋼材を確保した上で判断すると応じた。嶋田の前任者の及川古志郎も、東條や近衛との話し合いでは「総理一任」と言葉を濁したことがあったが、今回もそれに似た論法で事態と向き合っていたのである。

杉山と嶋田の論争に東條や永野修身らも加わり、堂々めぐりが続いた。こうして嶋田は海軍の立場を曖昧にしたのである。

軍令部の永野が即時開戦派だけに、海軍は割れているとの印象を出席者たちは持った。このやりとりが3時間、4時間と続いたが、それは図らずも外交交渉を主張する東郷茂徳や賀屋興宣らを励ますことになった。なぜなら鋼材の配分についてのやりとりは、海軍省がまだ即時開戦でまとまっていないことを意味していたからだ。鋼材の配分について曖昧なことに業を煮やしたのか、杉山や永野が②の即時開戦論を持ち出した。東郷や賀屋はすぐに反対意見を披瀝《ひれき》したが、それに東條や嶋田も同意したのである。

東郷と賀屋は①の臥薪嘗胆を説いた。永野は声高に反論し「戦機は今であって、好機はそんなには来ない」と軍事の視点を譲らなかった。即時開戦もまた議論が二分され、結論は出なかった。東郷、賀屋と杉山、永野の対立は、第3案の戦争準備と外交を並行して進めるという案でも続いた。国運を決するのに偽装外交をやれとはひどすぎると東郷が興奮した口調で述べている。すると軍令部次長の伊藤整一が11月20日までなら外交をやってもよいとの案を出した。参謀次長の塚田攻は、いや13日までなら認めるがそれ以上はダメだと言い出す。

なぜ13日なのか、と問う東郷に、塚田は詳しい説明はできぬ、統帥に関わるからだと発言を封じた。東郷はしばらく黙していた。変わって東條が「11月30日はどうか。この日までとしたい」と案を出した。塚田はこの日が限度だと怒りの口調になった。

外相の東郷も、この日時までに決着が付かなければすぐに戦争に入るという方針を渋々受け入れた。考えてみればむちゃな話である。相手があっての交渉なのに1カ月以内に日本の言い分を通せという。これは戦争を正当化するために外交交渉を進めるという結論に過ぎなかった。

ここで日本の基本的な方針が出席者によって確認された。前掲書『太平洋戦争への道（資料編）』から引用しよう。

「以上ノ（議論の）如クシテ（イ）戦争ヲ決意ス（ロ）戦争発起ハ十二月初頭トス（ハ）外交ハ十二月一日零時迄トシ之迄ニ外交成功セハ戦争発起ヲ中止ス」

なんのことはない。戦争が公式に決定し、東條は天皇に「外交でと考えましたがやはり無理でした」と報告しなければならないことになった。天皇の意思に沿うことができなかったのだから、東條内閣は総辞職するのが当然だったのである。しかしこの会議の出席者の誰一人としてそのような意思は示さなかった。真の忠臣はいなかったというべきであった。この結論がまとまって、本来なら会議は終わるはずであった。

東郷外相の乙案に「それでは内閣総辞職だ」

ところが東郷外相は、これまでの交渉案（三国同盟は離脱しない。中国から撤兵しない。南部仏印にも駐留するなど）を補足する案として突如、「乙案」を提示した。出席者たちは困惑の表情になった。

乙案は3項目からなっていた。太平洋海域では日米は武力衝突を避ける、蘭領印度支那での物資の獲得を互いに保証する、米国は年間一定量の航空機用の揮発油の供給をする、がその3項目である。このほかに備考として2項目が挙がっていた。それは南部仏印から北部仏印まで日本軍は撤退する、という案で、さらに中国市場に対する米国の進出を認めるような内容が盛られていた。

実はこの案は外務省長老の幣原喜重郎、吉田茂らが密かにまとめたもので、東郷もこの条件であれば外交交渉がまとまるかもしれないとうなずいた。そして会議に提出したのである。東郷は3項目、そして2項目を淡々と説明していった。

しかし東郷の説明が終わるや、杉山と塚田の2人が激しい口調で東郷に迫った。

「仏印からの撤兵など国防的見地から国を誤る策だ。乙案などとんでもない。甲案でやれ」。東郷は「甲案は短時日では妥結の望みはない。ぜひとも乙案でやりたい」と譲らない。杉山と塚田は、繰り返し激しい言葉で反論する。東郷も譲らない。辞職さえにおわせた。杉山と塚田は開戦に反対の外相など取りかえろ、と囁き合っていた。

東條は休憩を宣言し、興奮したやりとりを鎮めようと図った。その上で別室に杉山と塚田を呼び、「外相のいう方向でまとめるべきではないか」と説得した。この説得は陸軍省軍務局長の武藤章とともに行ったのだが、杉山は東條をにらみつけ、塚田は顔に忿懣《ふんまん》をあらわにした。東條はそこで次のように言ったのである。

「支那事変に触れていない乙案では、外交は成立しないと思われる。今、南部仏印からの撤退を拒否すれば、外相は辞職し、内閣は総辞職だ。すると次期内閣は非戦の内閣になるだろう。開戦までの時日は遅れてしまう」

東條ははからずも本心を表している。今、内閣をつぶすと非戦内閣ができて戦争という政策はかなり先になる。それでいいのか、と説得したことになる。2人はそんな状態は望むところではないと、「不精不精ニ之ニ同意セリ」（前掲書）となった。

会議が再開された。塚田は乙案を受け入れるが条文を変えろと東郷に詰め寄った。そして「日米両国は通商関係を資産凍結前に戻す」として、南部仏印は曖昧なままにした上で、さらにアメリカは「日支両国の和平の努力に支障を与えない」と明記せよと迫った。これで東郷のいう乙案はまったく骨抜きになった。杉山と塚田は、東條の主張は自分たちの側に立っているとの自信から、乙案を形骸化することにしたのだ。

東郷は「これでは日本に利益があるだけで米国は受け入れない」と怒った。しかし会議の時間を延ばしたくないとの空気の中で、ひとまず引きさがった。そして会議は終結したのである。

天皇の前で東條が泣いたわけ

この日（11月2日）の夕方、東條、杉山、そして永野の3人は、天皇の前に進み出て16時間の会議の結論を伝えた。

この報告中に、東條は戦争に傾いている案だと自覚し、そして泣き出したのである。天皇の避戦の感情に叛《そむ》いていると知ったからだ。天皇はそういう東條を見つめていた。

この軍人は私の感情をわかっていると思ったのだろう。

このころの東條はそれぞれ置かれた場所と人を見て、自らの意見を変えていたと言われても仕方なかった。

大本営政府連絡会議の決定を追認する御前会議は、11月5日の午前10時半から午後3時15分まで開かれた。途中1時間の休憩を挟んでの会議であった。むろん天皇は慣例により一言も発しない。天皇の意思は枢密院議長の原嘉道が代弁しているとされた。そのやりとりは資料集に残っており、原は東郷外相に今までのところ話し合いのついている点とついていない点を質している。東郷は、日米とも欧州の戦争の拡大を望まぬとし、中国からの全面的撤兵の要求に日本は応じられない状態だと説明を続けた。

東條はこの答えを補足すると前置きして、重要な点は中国からの撤兵だと言い、「惟《オモ》フニ撤兵ハ退却ナリ。百万ノ大兵ヲ出シ、十数万ノ戦死者遺家族、負傷者、四年間ノ忍苦、数百億ノ国幣ヲ費シタリ」とこれまでの経緯を述べて、撤兵などとんでもないと説明した。原が外交交渉での平和的解決に、なぜ駐兵を論じる項目がないのかと質すと、それは撤兵に関わるからと述べている。ここでも東條は矛盾した答えを返している。

時間を費やしたが、御前会議は大本営政府連絡会議の結論を承認する形になった。とにかく「対米英蘭戦争ヲ決意」が前提になることが確認されたのだ。

12月初旬に備えて陸海軍とも公然と戦争準備に入ることが決まった。この日以降、国策は外交と戦争が並行状態で進んでいくことになった。

陸軍の参謀本部は南方軍、支那派遣軍に密かに南方作戦準備を進めるよう命じ、海軍軍令部は連合艦隊司令長官の山本五十六に機動部隊を択捉《えとろふ》島の単冠《ひとかっぷ》湾に集結するように命じた。

東郷はワシントンの野村吉三郎大使に、11月25日までに意図的に交渉の目途をつけよと命じた。こうした暗号電報は全てアメリカ側に解読されていたのだが……。

これまで日本の政治、軍事指導者がどのようにして太平洋戦争への道を歩んだかの動きを見てきた。ここには数多の教訓があるからだ。あえて言えば教訓は次の3点に絞られる。

（1）実際に戦争を決めたのは軍人たちであった。
（2）彼らは戦争が全ての解決手段と考えた。
（3）天皇の意思を無視していることを知っていた。

そしてこの3点の上に、重要な問題が隠されていた。当時の軍事指導者は常に主観主義にとらわれているため、自らの論に客観性がないことを全く理解していない。そんな彼らに戦争を決断する資格などなかったのである。

(7) 国家存亡を懸けた日米の化かし合い

ヒトラーの戦略に便乗する戦争終結案

大本営政府連絡会議や御前会議の内容を国民は全く知らされなかった。前述のように当時のメディアは内務省や軍部の検閲を受けていたから、アメリカに対する憎しみをかきたてる報道が優先されていた。なぜ日本の「暴支膺懲《ようちょう》」(横暴な支那〈中国〉を懲らしめよ)がうまくいかないのか、それはアメリカが中心になってイギリス、中国、オランダでABCD包囲陣を敷いているからだというのであった。日本国民が日々の生活に苦しむのも全てアメリカが悪いと決めつけた。

日本ニュースでのフィルム、各新聞の執拗な攻撃記事、雑誌のアメリカ国民に対する侮蔑特集などで国民の中にヒステリー状態が生まれた。首相官邸には「米英撃滅のために戦え」との投書が殺到した。東條は自分が弱虫とののしられていることに怒った。戦後のことだが、東條周辺の軍人は、あのころは国民の方が戦争を望んでいたと責任逃れの言を口にする者が多かった。しかしそれは自分たちがつくり出した幻影に怯《おび》えてのことでもあったのだ。

こういう異様な興奮状態は議会の中にも反映していた。今では考えられないというべきだが、政治家たちも御前会議の内容を詳細に知らなかった。むろん噂ではさまざまな情報が入ってきたであろうが、正式には知らされていなかった。

御前会議から10日ほど後の11月16日から開かれた臨時帝国議会において、東條は施政演説の中で、対米関係は外交三原則（第三国の支那事変介入を許さない。経済的圧迫解除。ヨーロッパ戦争の東亜波及阻止）で交渉すると明言した。東郷外相も日米交渉は妥結の可能性があると断じた。しかしそれが軟弱だとのやじが飛ぶほどであった。

驚くことに議会には、政友会の島田俊雄らが音頭を取り、「国策遂行に関する決議案」が出された。議会が東條内閣を励まそうというのである。その中には、「敵性国家は帝国の真意を曲解し」「自重限りあり」といった語がふんだんに使われていた。島田は、今や国民の気持ちが高まっていることを知らないのか、と檄を飛ばし、暗に戦争を勧めるかのような言葉を壇上から発した。

こういう日本の国情はアメリカの指導者たちの分析対象になっていた。しかも東郷から野村大使への訓令の電報は全て解読され、手の内を読まれていた。アメリカ側は外交交渉に日本が期限を設けていることを知っていたのである。

御前会議の後の対米交渉は、結果的に日本が焦慮している状態で、アメリカは逆に政略的にじらすという対応となった。国務長官のハルと駐米大使の野村吉三郎との交渉は2人の化かし合いとなった。

東郷外相は11月10日にアメリカ、イギリスの駐日大使をそれぞれ呼んで、外交交渉を急ぎたいと伝えている。イギリスのクレーギー大使は日米交渉には関わらないと述べ、アメリカのグルー大使は早期解決を了解したと、東郷は12日の連絡会議で報告している。

実はこの日の連絡会議で確認されたことでもあるが、5日の御前会議に基づいて、各国にどのような措置を取るかの申し合わせも行っている。つまり戦争になった時の対応策である。その最初に「対独伊」とあり、この同盟国への態度を次のように書いている。

「日米交渉決裂し戦争不可避と認められたる際（大体11月25日以後と想定す）には遅滞なく独伊に対し帝国は近く準備なり次第英米に対し開戦するの意嚮《いこう》なる旨通報」するとした上で、「独伊の対米戦争参加」と「単独不講和」を要求するというのであった。さらにイギリス、ソ連、蘭印、タイなどにどのような対応をするかを明記している。「対支」については、できるだけ消耗戦を避けるとか、「在支敵性租界」の「敵性重要権益（海関、鉱山等）」は日本の実権下に置くというのであった。

むろん、こんなことは大本営政府連絡会議に出席していた軍官僚にしか知らされない。

こうして御前会議以後の日々は戦争路線が着々と進んでいった。本来なら軍事指導者も外交交渉を補佐するための政治的役割を果たすべきなのに、もう戦争しか頭にない状態となった。

ひとたび戦争を始めると、どのような時点でやめるのかを決めなければならない。その案は11月15日の連絡会議で決まった。それが「対南方戦争終末促進に関する件」であった。「日独伊三国協力して先ず英の屈伏を図る」「日独伊は協力し対英措置と並行して米の戦意を喪失せしむるに勉む」が中心になっている。この方針のもとに、具体的な施策も盛られていた。例えば、ドイツに次のような軍事政策を取らせるようにするといって、「英本土上陸作戦」を実施させると明文化していた。ヨーロッパ戦線でのヒトラー戦略に便乗する形での戦争終結案でもあった。

わかりやすく言うならば、ヒトラーの戦略に乗っかろうとする甘さがあった。

この時（1941年11月）、ソ連に侵攻していたドイツ軍はモスクワを目指してさらに兵を進めていた。厳寒と豪雪がより激しくなる前にと作戦を急いだ。しかしソ連の抵抗は激しく、ドイツ軍は次第に後退する状態になった。6月22日にソ連に侵攻したドイツ軍はこのころから次第に敗走することになる。

しかし日本の軍事指導者はドイツが西にイギリスを抑え、東にソ連を屈伏させることを信じていた。いや信じなければ自分たちの政略、戦略が崩壊することを知っていたというべきであった。こういう主観主義が軍官僚の宿痾《しゅくあ》でもあったのだ。あえて付け加えるならば、東條に命じられてこの終戦の腹案を練った陸軍省軍務局の石井秋穂は、具体的な終戦の案がないので海軍省軍務局の高級課員・藤井茂と相談して、願望を並べる形になったと述懐していた（保阪への直話）。会議で論じられるだろうと考えての叩き台だったとも補足した。それがそのまま決定したことに、下僚としては驚いたというのであった。

軍事指導者は戦争政策に邁進するだけで、その戦争がどのように推移し、いかなる形で矛《ほこ》を収めるかという問題に真面目に向き合わなかったと言っていいだろう。明治37（1904）年の日露戦争開戦時に伊藤博文が金子堅太郎をアメリカに送り、講和を模索した姿勢とは大きな開きがあった（日露戦争との対比は後に詳述する）。

「日本をあやす」具体案を提示

日本国内はこうして密かに戦時体制に移行していったのだが、ワシントンでの交渉はどのように進んでいたのか。野村が東郷に伝えてくる電報は11月半ばになるや、日本に対するアメリカ側要求の内容が変わってきたことを告げている。ハルは中国からの撤兵を執拗に要求していたが、むしろ三国同盟からの離脱に力点が置かれるようになった。これは何を意味していたのか。おそらく「マジック（暗号解読）」で内容を知り、日本の軍事行動を予見していたということになろう。その場合、ドイツとの連携を探る必要があるとの判断からではないかと思われるのだ。

コーデル・ハル米国務長官（左）と野村吉三郎駐米大使＝1941年、ワシントン ©共同通信イメージズ

アメリカは野村の示す甲案に色よい返事はしない。国務長官のハルは日本は三国同盟を死文化したらどうかと要求した。野村はそれをやんわりと拒否する。結局、日本は切り札の乙案をアメリカ側に提示した。11月20日のことである。少しは日本側が譲歩を示してきたと、ハルは受け止めるはずであった。確かにハルはそのような表情をしていると、野村と途中から交渉に参加した外交官の来栖《くるす》三郎も受け止めた。

しかしそれはハルの演技だった。ハルとルーズベルトは日本側が新しい提案を出したら、それは最後通告になると知っていた。この日のハルは、内心では交渉が最終段階にきたと呟いていたのである。

前述のハルの回想録には「あまり強い反応を見せて、日本側に交渉打ち切りの口実を与えてはならない」と書かれている。ハルの報告を聞いたルーズベルトも、すぐに拒否すれば日本の軍部は開戦に踏み切るかもしれないと考えて、2人は「やはり、もう少し日本をあやしておこう」と話し合った。

その「あやす」案として、さしあたり6カ月の暫定協定案を日本側に提示することになった。国務省のスタッフがその案づくりに入った。アメリカの対日輸出禁止の解除、日本は仏印、満州などに軍を送らないなどをさしあたりのアメリカ側の条件にする方向が決まった。

一方、日本の軍事指導部や外務省は、乙案を示した時のハルの感触などを伝えてきた電報を見て、外交交渉で話がつくとも考えた。

しかし電報をよく読むと、ハルは乙案の第4項に対して、日本が平和政策に入らない限り、アメリカは中国の蔣介石政府を援助し続けると断言しているのであった。これでは11月30日までの妥結は難しいとの声も囁かれた。統帥部の参謀はこうした電報を見ることはなかったが、彼らは11月30日をひたすら待っていた。「外交交渉は潰れろ」と祈っていたのである。

アメリカのアリバイ作りにもなった「ハルノート」

アメリカではハルと国務省のスタッフがまとめた「暫定協定案」（これが後のハルノートの基になったと言われる）が22日（ワシントン時間）に出来た。この案は密かにチャーチルや蔣介石、それにオランダ、オーストラリアなどの指導者に回された。アメリカの同盟国に、この協定で日本が軍事行動を起こすかもしれない、注意されたしと伝えたのである。

事前に受け取った国の中で、チャーチルと蔣介石はすぐに反応を示した。この案には暫定的であれ日米が戦争を回避する方向も盛られていたからだ。加えて日本の満州からの撤退を求めるが、中国からの撤退には触れていない。蔣介石はすぐに駐米大使の胡適にルーズベルトやハルを説得せよと命じている。チャーチルとも連絡をとり、これでは自分たちは何のために戦っているのかわからないと訴えている。

チャーチルもまた蔣介石に同調し、ルーズベルトにその旨を伝えている。中国と我々は一体でなければならぬというのであった。

ワシントン時間で11月26日の朝、ルーズベルトはチャーチルの懸念にうなずき、蔣介石側の言い分も受け入れて、中国からの撤兵も盛り込むことにしたのであった。この条項を入れることで日本はアメリカに対して軍事行動に出るだろう、アメリカの陸海軍はそれに対応できるか、とハルは軍事責任者に尋ねている。正直なところ、ハルもルーズベルトも、日本が軍事行動を起こした方が良い。そうすればアメリカはヨーロッパ戦線に参戦できるし、何より戦争に関わりたくないというアメリカ国民の意識を根本から変えることが可能になるとの意見で一致していた。

そのために「暫定協定案」を「平和解決要綱」と改めて、アメリカ側は平和を望んでいるのに、日本側がその意思を無視して軍事行動に出てきたという構図がつくられた。これは後のことになるが、このアリバイづくりはさらにいくつもの日本の不手際（開戦通告の遅れなど）によって、より固められていった。日本の指導者はこの点ではまるで児戯に等しい振る舞いを続けた。

ワシントン時間の26日午後5時、ハルは野村と来栖を呼び、いわゆる「ハルノート」を手渡した。このノートは10項目から成り立っていた。特に重要なのは3項と4項であった。3項は中国と印度支那からの軍隊や警察力の撤退、4項には日本とアメリカは蔣介石政府以外は認めないと明記してあった。ハルの前でこの項目を読んだ野村と来栖は体を小刻みに震わせていった。2人はこれまでの交渉は何だったのか、と言わんばかりにハルに二、三の質問をして国務省の長官室を出ていった。

長官室に残ったハルは陸海軍の指導者に電話をかけて、「さあ、これからは君らの出番になるよ」と伝えている。その後、ハルとルーズベルトの机には解読された電文が届いた。野村と来栖は東京の本省（外務省）に報告の電報を打っている。それが届いたのだ。野村と来栖は次のように記していた。

「（我々にとって）3項はできない相談であり、4項はアメリカ政府が蒋介石政権を見殺しにできないように、我々も南京の（汪兆銘《おうちょうめい》）政権を見殺しにはできない、と伝えた。するとハルは以下のように答えた。『3項の撤兵は交渉によるのであり、即時撤兵を要求しているのではない。ただし南京政府は、我々の情報では中国を一体化して統治する能力はない』（以下略）」

「これで開戦、めでたし、めでたし」

これらの内容を今、私たちはアメリカ側の公開文書で確かめることができる。ここに引用したのは拙著（『東條英機と天皇の時代』）を参考にしている。野村の報告を読みながら、当のハルはどう思ったであろうか。日本の軍事行動はどこを対象とするのか、文官だからそうした情報には疎かったと思うが、その攻撃に外交上どう対応するかを練り始めている。

さて日本側である。野村と来栖の電報は27日の夕方には関係部門の指導者のもとには届いている。陸海軍の駐在武官はワシントンからそれぞれ、「乙案はアメリカに拒否された」

との第一報を発している。これで11月30日までの間に外交交渉がまとまることはないと明らかになった。参謀本部のある参謀はその日記に「これで開戦決定、めでたし、めでたし」と書いた。

首相の東條は第一報に接すると、「これ以後は戦争準備に移る」と陸軍省の担当者たちに伝えている。その上で対米交渉の主務者であった石井秋穂らを南方軍の参謀に転出させるなど、慌ただしく人事をいじり始めた。それはまもなく開戦だとの自らの意思をそれとなく軍内に伝えることを意味していた。11月29日午後4時から5時までの1時間、大本営政府連絡会議が開かれた。ハルノートにどう対応するか、この提案を逆手にとってアメリカに譲歩を迫るには、といった議論など最初から見られない。さあ開戦だという統帥部の声だけが大きい。

前述したように東郷はいつどこで戦端を開くのか、それも知らない。「開戦日を知らせろ。でなければ外交はできない」と言うと、偽装外交をやれ、と言っていた永野修身が「それでは言う」ともったいつけて「12月8日だ」と教えた。

(8)「真珠湾攻撃」へのカウントダウン

なぜ天皇は開戦の詔勅に2か所、手を入れたのか?

12月1日の御前会議は、11月29日の決定を天皇に追認させるとの形式的な意味を持っていた。実際に天皇が拒否すれば開戦が覆ることもあり得たが、天皇は発言せず、臣下の者の決定に異議を挟まないというのが慣例であった。立憲君主制という語がこの根拠となっていた。

しかし天皇は強い不安を持っていた。もし敗戦に至ったら君主制の存続も危ういとの不安と言ってもよかった。御前会議の前日(11月30日)に海軍の軍令部に籍を置いている弟の高松宮が、天皇に面会を申し込んだ。そこで高松宮は、海軍は一体となって戦争を望んでいない、むしろ避けたいと思う者も多いと伝えている。天皇は驚き、すぐに杉山元と永野修身を呼んだ。戦争が陸海軍の総意なのか、と強い口調で質している。

永野は、連合艦隊の訓練は十分であり人モノ全てが完整し、ひたすら天皇の大命降下を待ち受けていますと伝えている。杉山も同調している。それでも天皇は不安であったのだろう。御前会議で心中を代弁する枢密院議長の原嘉道に疑問点を詳細に伝えている。

12月1日の御前会議は、午後2時5分から午後4時まで開かれた。

国策の重要事を決めるため、この会議は原の質問の密度が濃いと言えた。この日の議事はすでに開戦が決定しているとの前提で進められた。東條首相、東郷外相、永野軍令部総長、東條内相（首相と兼務）、賀屋興宣蔵相、井野碩哉《ひろや》農相が、それぞれ所管の政務をどのように戦時下の体制にしていくかを報告した。

その内容のポイントを記しておくならば、東條はこのような事態になったが、「しかし我が戦力は支那事変前よりはるかに向上し、挙国一体、一死奉公」で国難を突破すると宣言した。内務大臣としては、共産主義者、一部の宗教人などの「反戦反軍其の他不穏策動」をなす者を断固取り締まると演説もした。東郷は、帝国はかなりの妥協を試みたが外交交渉は失敗したと述べ、これまでの外交交渉について詳細に報告している。永野は、作戦部隊の士気は高まっているといい、「大命一下勇躍大任」に将兵は赴こうとしていると、天皇を安心させようとの言を吐いている。そのあと賀屋が財政について、井野が食糧事情について語った。

続いて原が、天皇の心理を代弁する形で本質的な質問をしている。その質問の後で、原は「所信を述べます」と言って語り始めた。

原嘉道の所信は微妙な内容であった。そこには流れがあり、まず今回の開戦に至る経緯の中でアメリカは我が国の言い分を聞こうとしないと言い、これでは「明治天皇の御事績を全く失うことになる」と一応は大本営政府連絡会議の決定を追認した。その後で、「今回はどうしても長期戦は止むを得ないところでありますが、之を克服してなるべく早期に解決することが必要」と注文をつけている。さらに戦争継続には、国民の忍耐も限界があるように思うとも述べ、民心を掌握するように努めよ、と繰り返している。

原のこの言葉を深く考えると、天皇は「長期戦に持ち込むべきでない」「国内の人心の安定に努めよ」という2つの柱を戦争指導の根幹に据えよ、と命じたことになる。東條は政府として意見を述べたいと言い、「今後戦争を早期に終結する努力をしていきます」と約束し、「人心の安定、特に秩序維持、動揺防止、外国の謀略防止」に力を注ぐことを天皇に約束している。

御前会議が終わった後で、東條は「お上は説明に対し一々頷かれ何等御不安の御様子を拝せず」と側近たちに伝えている。

この御前会議の様子やこの時の出席者たちの心理、さらにはその本意を調べておくことは極めて重要である。東郷茂徳の著書（『時代の一面』）や賀屋興宣など文官側の回想などでも、ここに至ればやむを得ないとの心境であったようである。

12月2日以降、表面上は外交交渉が行われているかのような報道が続いていたし、戦争の影は日本社会には見えなかった。しかし陸軍も海軍も作戦行動を密かに始めていた。御前会議の後、杉山元は南方軍総司令官の寺内寿一《ひさいち》に12月8日を期して作戦行動に入るように命じたし、永野修身は連合艦隊に予定通り真珠湾攻撃への準備を進めよと伝えた。首相官邸の東條は秘書たちにしきりに天皇への自らの帰依《きえ》を語っていた。秘書たちが持ち回りで書いていた日記には、そんな東條の不安が記録されていた。

私は、この日記を昭和50年代初めに東條の評伝を書くときに、秘書官から入手したのだが、一読してその心理の異様さに愕然としたのである。そこには「我々はいくら努力しても人格に過ぎないが、天子様は神格でいらっしゃる。天子様の神格のご立派さにはいつも頭が下がる」という言まであった。これは何を意味したのだろうか。

東條は天皇を神格化して捉え、自分をその天皇に仕える忠臣の中の忠臣と位置づけていくことになる。もし彼が冷徹に現実に処していく政治家ならば、天皇の大権を付与されているにせよ、その戦争指導は客観的な分析、天皇の意思の確認、そして国民への責任など総合的な判断を行っただろう。戦況が不利になり、日本がこれ以上戦えない状況になったなら、潔く天皇に詫びる戦争処理の方向に舵を切ったであろう。

しかし東條はそうではなかった。戦争が始まると、自分は天皇の意思を託された忠臣であると自賛し、国民の中に入っていくときは「自分は天子様のお気持ちを国民に伝える役を背負っている」と秘書たちに漏らした。やがて自分だけが天子様のお気持ちを代弁している、つまり自らの肉体は天子様のお気持ちを表す唯一の存在だと言い出すようになった。

戦争が進んでいくと、自分に反対することは「天皇に反対すること」とまで思い込むようになった。

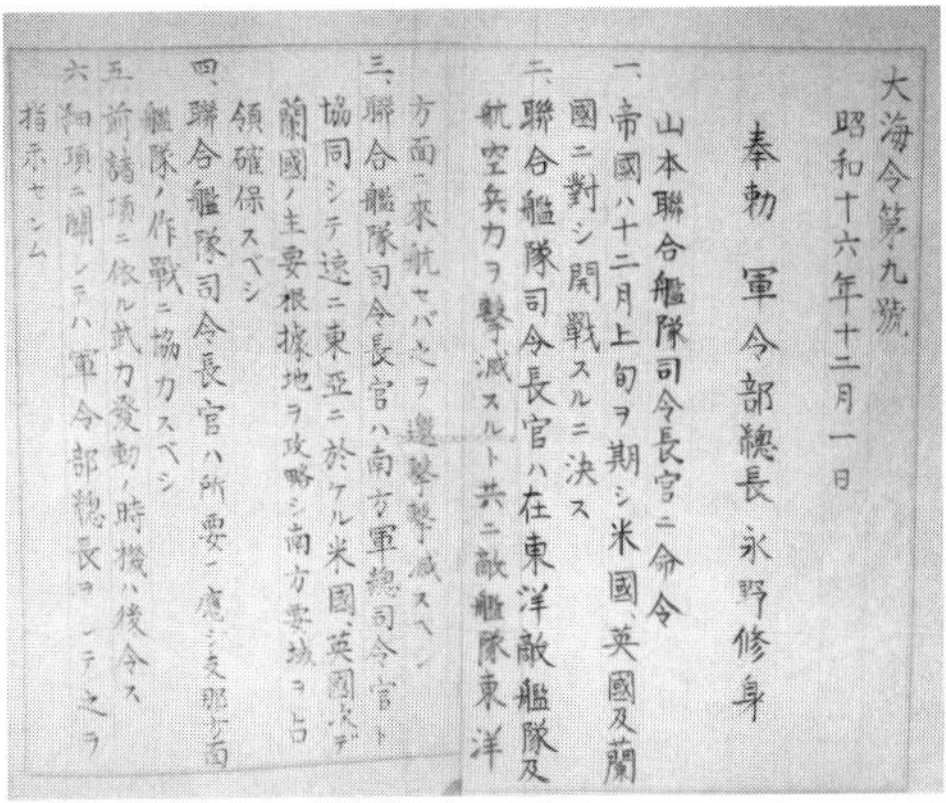
大海令第九號
昭和十六年十二月一日
奉勅 軍令部總長 永野修身
山本聯合艦隊司令長官ニ命令
一、帝國ハ十二月上旬ヲ期シ米國、英國及蘭國ニ對シ開戰スルニ決ス
二、聯合艦隊司令長官ハ在東洋敵艦隊及航空兵力ヲ撃滅スルト共ニ敵艦隊東洋方面ニ來航セバ之ヲ邀撃撃滅スベシ
三、聯合艦隊司令長官ハ南方軍總司令官ト協同シテ速ニ東亞ニ於ケル米國、英國次デ蘭國ノ主要根據地ヲ攻略シ南方要域ヲ占領確保スベシ
四、聯合艦隊司令長官ハ所要ニ應ジ支那方面艦隊ノ作戰ニ協力スベシ
五、前諸項ニ依ル武力發動ノ時機ハ後令ス
六、細項ニ關シテハ軍令部總長ヲシテ之ヲ指示セシム

開戦決定で発せられた「大海令」。12月1日付で永野修身軍令部総長から山本五十六連合艦隊司令長官に「敵艦隊及び航空兵力を撃滅」などを命じる。終戦直前の焼却を免れた

東條のこういう心理は、表の行動だけを見ているとなかなかわからないのだが、秘書の証言、副官への取材などを通じて浮かび上がってくるのは、小心で、歴史観もなく、ひたすら聖慮（天皇の意思）に沿ってとだけ口走る軍官僚の像だけである。東條は役所の末端の管理職レベルに過ぎないと、石原莞爾《かんじ》をはじめ陸海軍内部の理論肌タイプは一様にその政治姿勢を批判しているほどである。

開戦の2日前（12月6日）に開かれた大本営政府連絡会議は、開戦詔書の内容を最終的に確認した。この詔書は「天佑ヲ保有シ万世一系ノ皇祚ヲ践《フ》メル大日本帝国天皇

ハ昭《アキラカ》ニ忠誠勇武ナル汝有衆ニ示ス」で始まっていた。もともとは陸軍の官僚が下案を作ったのだが、東條はそれでは不安だと大日本言論報国会の会長である徳富蘇峰のもとに届けて推敲《すいこう》させたのである。

天皇はこの詔書案に2カ所だけ手を入れた。「豈《アニ》朕カ志ナラムヤ」との一節を加えさせたのと、「皇道ノ大義ヲ中外ニ宣揚セムコトヲ期ス」を「帝国ノ光栄ヲ保全セムコトヲ期ス」と直したのである。この手直しは重要な意味があった。東條は忠臣として皇道を世界に広げようと企図したが、天皇はそれを拒んだのである。

天皇と東條の間には、開戦を巡っても大きな開きがあった。東條はそれに気がつかないまま、12月8日、運命の日へと突き進んだ。

(9) 日露戦争での伊藤博文の「覚悟」

「一将功なり万骨枯る」昭和の戦争

太平洋戦争が始まるまでの道筋について、これまで軍事指導者の動きを中心に見てきた。その道筋は、遡ること37年前に始まった日露戦争に比べて欠落している要素が多い。戦争を国策として決定する会議のメンバーがあまりにも少なく、何より軍官僚が中心となって政治の側がほとんど関与していないという欠陥があった。東條英機は総理大臣という政治の代表者であったが、彼の意識と発言は軍事の側のものだった。東條が軍事に注文をつけるのではなく、軍事の側に結論を持っていこうとしたのは、これまでの道筋をたどれば容易にわかることだ。軍官僚の発想で始まった戦争というのが昭和の戦争の特徴なのである。

結論風な言い方になるが、東條は「戦争とは勝つまで続ける、そうすれば勝機は必ずある」というのだから、国民にとってはとんでもない発想であった。軍事指導者が兵士の命など鴻毛《こうもう》より軽いとばかりに、非人間的な戦術を多用したのはその例である。

さらに言えば、一将功なり万骨枯る、とばかりに、己の功名心を掲げての戦争となったのである。

日露戦争と太平洋戦争の開戦時の様子にはいくつかの共通点もある。例えば、ロシアとの外交交渉のプロセスには太平洋戦争時の対米交渉と重なり合う場面がある。条約に沿って満州からの撤兵を要求する日本とそれを拒むロシア。実際にロシアは日本側との交渉では、日本の要求にまともに取り合わない。いや、日本側が提案を行うと何カ月も回答してこなかった。つまり当時の軍事大国として、日本など問題にしていないといった態度であった。

そこで日本は、明治36（1903）年12月21日に自分たちの最終案をロシア側に示した。ロシア案の中にある韓国領土を戦略的に用いず、満韓双方に中立地帯をつくるなどの削除である。ロシアがのむわけがなかった。日本側が催促したので、ロシアは明治37年1月6日に最終案を示した。「日本は韓国の領土を軍事上に使うな。満州から手を引け」といった内容で、いわば昭和16年のハルノートのようなものだった。日本の対露抗戦派は勢いづいた。

2月4日の御前会議で、大国意識で迫るロシアと戦端を開くことが決まった。戦争に積極的な軍部と桂太郎首相、小村寿太郎外相に対して、消極的であった伊藤博文、山県有朋らの元老も開戦を受け入れた。しかし御前会議の最後に、伊藤は発言を求め、この戦いに勝機はない、戦いに敗れたら日本にはロシアが進出してくるだろう、そうなったら自分は一兵士として戦い、妻を兵士のために兵食の炊事に当たらせる、との悲壮な覚悟を述べた。

幕末維新を知り尽くした者の知恵

伊藤のこうした覚悟は、明治天皇へのメッセージでもあった。この戦争は自分たちのつくった新政府、新国家が断固とした決意で始めることを教えたのだ。さらにこの御前会議の後で山県有朋は伊藤に対して、もしも敗戦となったなら軍人は死ななきゃならんだろう、そうなれば新国家はお主に立て直してもらわなければならない、あとは頼むと涙ながらに語ったと言われているほどだ。

伊藤と山県は幕末維新を生きてきて、ロシアがどれだけの大国であるかを知っていた。しかし、日露戦争においては、桂、小村、軍部では井口省吾、児玉源太郎、過労のため開戦前に急死する田村怡与造《いよぞう》らが開戦の中心人物であった。世代が変わっていたのである。伊藤には天皇の苦しみがよくわかっていた。

2月4日の御前会議の前に、伊藤は天皇に呼ばれている。開戦を決める会議に不安があり、前夜から睡眠を取っていなかったのだ。寝衣の姿のままで、率直な意見を聞きたいというのであった。伊藤は答えている。

「現状では国家の存立を懸けて戦わなければなりません。忠勇なる臣民はよく戦うとは思うが、陛下におかせられましても重大な覚悟で開戦に臨んでいただきたく存じます」

天皇はただ伊藤の表情を見るだけだった。避戦論を変えた伊藤の覚悟を知ったのである。実際の御前会議では、伊藤は陸相の寺内正毅、海相の山

明治40（1907）年ごろに撮影（作成）された明治天皇の肖像

本権兵衛に戦備は大丈夫か、勝算はあるのかと質した。2人の大臣は断言できない。蔵相の曽祢《そね》荒助には戦時財政を詳細に質したが、曽祢は答えられなかった。伊藤は天皇に、対ロシア戦に勝算があるわけではないことをはっきりと知らせたのだ。しかし事ここに至ってはロシアの理不尽は許せない、とした上で伊藤は天皇の判断を仰いだ。

「今回の戦は朕《ちん》が志に非ず。然れども事既に茲《ここ》に至る。（略）事万一蹉跌《さてつ》を生ぜば、朕何を以てか祖宗に謝し、臣民に対するを得ん」

そう言って天皇は涙を顔から胸に流した。天皇は戦争へのためらいを振り切り、とにかく臣下の者の決定を受け入れたのである。

太平洋戦争の開始に至る道筋と、日露戦争の開戦への経緯はこのように共通点と相違点があった。伊藤がこの時から講和を考えて金子堅太郎をアメリカに送った知恵は、太平洋戦争の道筋では考えられてもいない。はっきり言えば、伊藤博文の役目は、原嘉道や東條が果たすべきであったが、2人にはそんな知恵も度量もなかった。そこに悲劇があった。

「我々軍人はあのような水商売の連中とは違う」

日露戦争と太平洋戦争の開戦前の動きについて、もう2点だけ説明しておこう。この2つの戦争を比べると、指導者の考え方、天皇への向き合い方に多くの開きがある。どちらがいいとか悪いとかいうのではなく、幕末、維新の過酷な状況を体験してきた元老たちと、新しく登場した第2世代（桂太郎や小村寿太郎などを指すのだが）に対して、第3世代と言える太平洋戦争時の指導者は軍官僚が中心であった。

東條にせよ、海相の嶋田繁太郎にせよ、あるいは参謀総長の杉山元、軍令部総長の永野修身にしても、陸軍大学校、海軍大学校を卒業しているだけで、「軍事の論理」しか身につけていない。東條は政治家について恐るべき感想を口にしている。「我々軍人はあのような水商売の連中とは違う」と事あるごとに言っていた。選挙で集票のために頭を下げることをそう例えていたのである。秘書官たちのつけていた日記には、「国民は灰色だ。指導者が白と言えば白になる。黒と言えば黒になる」との発言が記録されている。

嶋田にしても、戦況が悪化して悪い報告が下僚から上がってくると、その書類を投げつけて「こんな文書を持ってくるな」と怒鳴りつけている。下僚は都合の悪い文書は次第に持ってこなくなったというのだ。まるで裸の王様である。杉山は軍内では「便所の扉」と言われていたそうだ。どちら側にも開く、つまり誰のいうことでも聞くという意味だ。永野にしても根拠もなく強硬論をぶつタイプだとされている。

軍政、軍令の最高責任者は、日露戦争時の軍事指導者とはあまりにもタイプが違いすぎた。しかもこうした偏った軍官僚に政治の側から忠告、助言をするタイプはいなかった。

西園寺公望《さいおんじきんもち》（昭和15年11月に死亡）が生きていたら、あるいは近衛文麿に度量があったなら、歯止めをかけられたであろう。

日露戦争時の軍事指導者は、陸軍が参謀総長の大山巌、次長が児玉源太郎、総務部長が井口省吾。海軍は海相の山本権兵衛、軍令部長の伊東祐亨《すけゆき》、次長が伊集院五郎で彼らは常に集まり、情報を共有して作戦面の進行を確かめていた。そして相互に戦闘の内容について確認していた。太平洋戦争はこれとは逆で陸海軍は互いに隠し合っていたのだ。

東條は天皇との一体化を信じた

日露戦争時の指導者たちと太平洋戦争時の指導者たちの比較を試みたとき、もっとも気になるのが天皇への態度である。天皇にどのように接したか。つまり、軍事の最高責任者である大元帥の天皇の名において戦略と戦術の一切が行われるかぎり、天皇にどのように報告をし、正直に現実を伝えたかが問われることになる。

太平洋戦争が終わった後、言論界の大立者だった徳富蘇峰は、密かに自らの思うことを日記に書き残していた。これは平成18（2006）年に『徳富蘇峰　終戦後日記』（全4巻）として刊行されている。この中で蘇峰は、もし明治天皇だったら太平洋戦争は起きなかっただろうと書いている。むろんそれは、昭和天皇を低く見るというのではなく、側近たちの器の比較を試みたと言うべきである。日露戦争時のような真の「股《こ》肱《こう》の臣」がいなかったことを慨嘆したのであろう。東條英機、嶋田繁太郎のような人物と、伊藤博文、桂太郎とを比較しての率直な感想のように思えるのである。

　これまで記してきたように東條の天皇観は、軍官僚の持つ冷めた面はない。あえてはっきりと書くが、東條の天皇観は2・26事件（昭和11〈1936〉年）の時の青年将校の持つ神権化した天皇像と同じである。違いは、青年将校には天皇と自らの存在が一体化するといった強い願望があったことだ。青年将校の一人である磯部浅一の獄中日記などを見ると、天皇が自分たちの至純な気持ちをどうしてわからないのでしょうか、と訴えている。彼らは農村の困窮など、この社会の矛盾を実感するからこそ、天皇と一体化してその矛盾を克服しようとしたと言えるであろう。

　反して東條は、首相になって実際に戦争の遂行者という立場に立つことで天皇と一体化しようとしたのである。自分は天皇の全幅の信頼を得ていると思い込むことで戦争指導に当たっている。自分の考え、行動は全て天皇の意思に従っている、それゆえ自分に抗することは天皇に逆らうことである、と信じ切った。何としても戦争に勝つことが天皇への報恩という考え方であった。開戦以後の東條は、まさにこの心理構造のもとでひたすら国民を鼓舞し続けた。負けるとか講和を結ぶとかいうのは、天皇の気持ちではないと考えての戦時下の姿であった。

日露戦争開始時から昭和16（1941）年まで37年が過ぎている。伊藤博文や山県有朋、大山巌、山本権兵衛らは、東條らの開戦時の姿勢を見て何と嘆くか、知りたくなってくる。

明治と昭和、両天皇の共通の思い

明治天皇はこの国を鎖国から解いて一等国にしたとの理由で「大帝」と呼ばれたりもする。剛直で揺るぎない信念の持ち主であるかのように語られてきた。実際にそのような性格を持ち合わせているのは間違いない。しかしこと戦争に関する限り、決してそうとは言えない。神経のこまやかな目で現実を見ていた。戦争には消極的でさえあった。日露戦争の折は、この戦争は朕の戦争ではないとの一節を開戦詔書の中にあえて入れるように要求している。

ここであるエピソードを付け加えておこう。伊藤博文の命を受けて金子堅太郎がアメリカに渡り、戦闘とは別に講和の機会を探ることになっていたが、その金子のアメリカ出立の前夜に、皇后が密かに金子宅を訪れて、「ぜひとも講和のためにお力添えを」と頼んでいる。天皇には伏せての依頼、ないし激励であった。

明治天皇はなぜ戦争を恐れたのか。私見では「戦争という体験が江戸時代にはなかった。

天皇がどう受け止めればいいのかわからなかった」「敗戦は天皇の存在を危うくする」「臣民に犠牲を強いて国力が疲弊する」といった理由が挙げられるであろう。明治天皇の御製「子らは皆いくさの庭にいではてて翁やひとり山田守るらん」がその心中を示している。

昭和天皇は基本的には明治天皇と同じ考えであった。戦争は避けたい、外交で解決したいと何度も繰り返した。しかし臣下の者はその思いを全く聞き入れなかった。

昭和天皇は開戦と決まったあとも「尚一層慎重を期する要があるから」（『昭和天皇独白録』）と閣僚と重臣（総理大臣経験者）の懇談会を提案したという。

だが「東條は承知しない」とも述懐している。結局、天皇は「立憲君主制を守る」として臣下の決定にうなずいた。

そして日本は12月8日を迎えたのである。

第2章　事件の伏線、人物の命運

(1) 新国家建設での軋轢

留守政府を残し「岩倉使節団」出航

近代日本史はペリーの黒船来航で始まったとの言い方もできる。国を閉じていた幕府は、これは従来にない国難であり、危機であると受け止めた。むろん朝廷もそのように受け止めたが、しかし幕府から詳細を知らされず、この時は国難というほどの意識はなかった。ただ公家たちは、これは蒙古の襲来に匹敵するのではないかとの危機意識を持った。だが、そのために今、何をすべきかについては事態を見守る以外になかったのである。幕府はアメリカをはじめ先進帝国主義の国々からの圧力に、次第に対応できなくなっていく。特に孝明天皇は名だたる攘夷《じょうい》論者で、徹底した外国排斥の立場に立っていた。

このように幕府と朝廷の間にさまざまな勢力が加わり、幕末維新は形をつくっていくのだが、その間の動きを追いかけるのが本稿の目的ではない。こういう経緯をたどった新時代の国づくりの実相を見ていく。薩長の武士たちによる維新は、つまりは大政奉還により朝廷に権力を戻すという儀式であり、これによって明治新政府は誕生した。孝明天皇の死による睦仁皇太子の天皇即位により、時代は新政府のもとで動いていくことになる。

山県有朋（左）と伊藤博文＝国立国会図書館ウェブサイト

この過程で大久保利通、西郷隆盛、木戸孝允、山県有朋、伊藤博文らの要人たちが新政府を動かした。朝廷では三条実《さね》美《とみ》や岩倉具視らであった。彼らは新政府として幕府の主要政策を次々に改革していく。廃藩置県、士族の解体、地租改正、徴兵令の実施などで容赦なく幕藩体制を壊していく。まさに革命と評されても仕方のない解体と再生であった。

そんな中で、我々の目指す国はどのような国なのかが、当然なことに新政府の課題として浮かび上がってきた。参議の大隈重信や伊藤博文らはこの際、政府の要人と中堅の官僚、次代を担う留学生の3つのグループによる100人を超えるメンバーで、アメリカ、ヨーロッパを中心にした視察旅行を決行しようと決めた。

左から岩倉具視、木戸孝允、大久保利通＝国立国会図書館ウェブサイト

これに大久保、木戸、岩倉が加わってこの大胆な使節団の訪米、訪欧が決まったのである。これを「岩倉使節団」という。明治4（1871）年11月12日に横浜を出港した。この使節団を通して、明治草創期の人間模様と政治状況の表と裏を見ていくことにしたい。

西郷隆盛たちに権力を奪われる心配

岩倉使節団には3つの役割があった。その1は明治新国家をどのような国にしていくかを見極めるための視察と、諸外国に学ぶことである。その2は日本が鎖国を解いて新国家として誕生したことを知らせること。その3は安政5（1858）年に五カ国（米英露仏蘭）と結んだ不平等条約の改正の打診であった。この3つを持って欧米を回ってくるというのであった。

とはいえ、もっとも重要なのはその1であった。徳川幕藩体制を壊したはいいが、さて新たな国家像はいかにあるべきか、早急に海外にモデルを探さなければならなかった。大久保、木戸、そして岩倉など新政府を動かす者たちは、実際に海外の制度や仕組みを見聞することで新たな国づくりを進めなければならないと考えた。

明治新政府を動かしている指導部が、当初の計画では1年近く日本を空けることになる。その間に、西郷隆盛ら残った要人に権力を奪われる心配はないか。あるいは新政府は発足してまだ3年ほどしか経っていないため、留守中に大久保や木戸、伊藤博文、岩倉などの政策が手直しされることはないのか。そういう懸念があるにもかかわらず、岩倉を団長（正確には特命全権大使といった）とし、木戸、大久保、伊藤、それに山口尚芳（外務少輔《しょうゆう》）を副団長（正確には特命全権副使）に加え、欧米を見てくるというのである。当時の感覚でいえば、新政府の指導部の7割近くの要人が通信も交通も十分とはいえない時期に東京から離れるのだから、これは新政府の行く末を占うことにもなった。

大久保たちの心理には、山県有朋らがこの年（明治4年）2月に薩摩、長州、土佐などの藩から士族約1万人の提供を受けて、政府が直接指揮できる軍隊を持ったことや、大久保の山県への信頼などがあり、謀反、反乱に相応に対抗できるとの判断もあった。大久保は山県を兵部大輔《ひょうぶたいふ》に命じ、兵部省が全国の軍事に関わる全権を命じてもいる。

使節団は次代を担う人材を一行に加えて留学させた。彼らは語学に精通し、欧米の法体系、社会倫理、さらに実体験からくる実用主義的な発想を学ぶこととなった。ちなみにこの留学生には大久保の子息・牧野伸顕（11歳）や、金子堅太郎（19歳）、中江兆民（25歳）などが含まれていた。さらにまだ8歳の津田梅子（11年後に帰国し、女子英学塾〈後の津田塾大学〉を設立）ら、5人の女子留学生も使節団に随行する形でアメリカに渡っている。

委任状問題で痛感した国際感覚の欠如

一行はアメリカ大陸を横断してワシントンに入り、大久保や岩倉はグラント大統領や閣僚と会い、条約の改正を打診することになっていた。ところが、ここで問題が発生した。条約改正が成ったとしたら、その調印には国際法上、天皇の委任状が必要だというのである。

大久保と伊藤の2人はワシントンからサンフランシスコに戻り、日本に引き返すことになった。日米の往復を考えると3カ月余はかかり、岩倉使節団の中枢の要人はアメリカに足踏み状態になった。随行の役人や留学生はそれぞれの視察地、留学先に散っていった。岩倉使節団はこのような事態を想定せず、天皇の委任状を用意してこなかったことを反省した。日本はこうした面ではあまりにも国際感覚が不足していたのだ。

大久保はこれらの体験を通して、日本に欠けているのは何かを自覚した。富国強兵、殖産興業をこの国の中軸に据えて、日本を全く新しい国に変えてしまうことこそが必要であり、そのために国際感覚を養って自らの役割を着実に果たす。このことを自らに課したのだった。

大久保と伊藤は再び岩倉使節団のもとに戻ってきた。だがアメリカ側の反応を見ても、ワシントンにいる各国大使などと意見交換をしても、大いに歓迎されたというべきレベルの話し合いにならないことを思い知らされた。結局、使節団は不平等条約の改正については全く手をつけないことにしたのだ。

行く先々で歓迎の人波ができる中、彼らはアメリカ国民の自由を希求する精神に強い関心を持った。その精神が日本人にも必要だと考えた節もあるが、それを思想として取り入れることには否定的であった。大久保の秘書役で使節団の記録を書き残した久米邦武は、大久保や伊藤の心理を代弁するかのように、「(アメリカは)自由の弊多し、大人の自由を全くし、一視同仁の規模を開けるは、羨《うらや》むに足るが如くなれども、貧寒小民の自由は放僻にして忌《き》憚《たん》する所なし」と記している。「一視同仁」とは人を差別せず平等に見て仁愛をほどこすの意味である。

庶民に自由を与えても放縦になり、国としての結束が乱れると懸念しているのである。明治10年以後に広がる自由民権運動への弾圧は、このような発想に基づいていたといってもいいように思われる。大久保に限らず日本の指導者はワシントン、ニューヨーク、ボストンなどを視察し、地方の実情を見るにつけ、この国は我々の模範にはなり得ないと判断した。そしてヨーロッパの国々の視察に向かったのである。

大久保、木戸が感化されたビスマルクの演説

明治新政府は大久保利通を指導者の中核に押し上げていったが、大久保にそれなりの資質があったからでもある。彼の資質は決して感情に溺れないことであった。

大久保はヨーロッパの国々をめぐり、プロシアをドイツ大帝国に変貌させたビスマルクに接して、日本はプロシアを模倣しなければならないと考えた。当時、ビスマルクは「鉄血宰相」と呼ばれヨーロッパのもっとも輝ける指導者であった。ヨーロッパの弱小国がフランスを破り、ドイツを統一国家にしたのは、まさにビスマルクの功績だったのである。しかしドイツはフランス、ロシア、オーストリア帝国に囲まれているため、油断すればたちまち解体される恐れがあった。

ビスマルクは東洋からの客を迎え、夕食会を開いた。その席で大久保らに、いかなる方法でドイツ帝国をつくり得たかを話している。そこには次の一節があった。

「世界の各国はみな親睦礼儀をもって交わっているかに見えるが、それはまったく表面上のことで、内面では強弱相凌《しの》ぎ、大小侮《あなど》るというのが実情である。（略）私はこの不条理

を正すべく、一大決意をもって国力を振興し、対等の権をもって外交のできる国にしたい」（『岩倉使節団』泉三郎）

大久保は、この一節に感動した旨の書簡を、留守政府の西郷隆盛に送っている。ビスマルクの演説に心を奪われたのは大久保だけではなかった。木戸孝允もまた納得していた。木戸はビスマルクにぜひ日本の興隆を助けてほしいと申し入れている。

「我々の国は数百年も国を閉ざしていたので、あまりにも世界の事情に疎く、また新しい学問を積む暇もなかった。これからは開明の域に達するべく努力するのみである」とビスマルクに伝え、人材の派遣などを要請した。日本とドイツは似たところがあり、この国の国づくりに学ばなければならないというのが使節団の共通認識となった。

さらにドイツの軍事組織を握り、その戦略を担っているモルトケに会い、大久保は彼の軍事観を吸収することに努めた。久米邦武は次のような感想も書き残している。

「法律、正義、自由の理は、国内を保護するに足れども、境外を保護するは兵力にあらざれば不可なり、万国公法も、ただ国力の強弱に関す」

軍事を強力にすることのみが国の防衛につながるというのであった。

さらに大久保や木戸ら使節団幹部たちを驚かせたのは、プロシアが19世紀の初めから実質的に徴兵制を敷いていたことだった。1年間は常備軍役に就かせる皆兵制度で、全国民が相応の体験と知識を持つ。それによってヨーロッパの平和を守ることが可能だというのであった。こうした軍事観は日本の現状にまさにぴったりと考え、実践することになる。

山県有朋の軍事観と昭和の軍事観

付け加えておけば、昭和の陸軍は使節団が持ち込んだこのような軍事観をほとんど生煮えで実践し、プロシア、ドイツの軍事組織が変化していくさまを考えなかった。むしろ軍人たちは自分に都合の良い方向に変えていったのである。プロシアの将校は皇帝のために最初に戦死することが名誉であった。これに対して、昭和陸軍の将校は兵士に死を要求するが、自分たちはいかに生き永らえるかを教えとしたのである。

大久保と木戸はビスマルクの演説に納得した日の4日後、日本の留守政府から至急帰国されたしとの勅命を受け取っている。留守政府の間で対立が起こっているというのであった。大久保はすぐに帰国して事態に対応することになった。木戸はその要請にすぐには応じなかった。それが新政府内の指導部での影響力を失う原因になった。それ故に大久保の軍事観や国家観が山県有朋に引き継がれて主流派になっていくのである。

近代日本の軍事について、山県有朋の果たした役割は大きい。彼は明治2年に長州藩から海外視察の命を受け、ヨーロッパのいくつかの国の軍事について見聞している。そこで自覚したのは、日本の近代化は単に西洋の事物について学ぶだけでなく、天皇を立ててての国づくりにあるという確信であった。

山県は、岩倉使節団が日本を出発する前からすでにヨーロッパ事情を理解していた。大久保利通が傾倒するビスマルクがドイツを強力な国家に育て上げるために採用した方法を現実化するのに、最もふさわしい立場にいたのである。岩倉使節団の一員ではないが、山県の軍事観について触れておくことにしたい。昭和の軍事の誤りは山県の敷いた路線とどう異なっていたのか、あるいは当初から誤謬《ごびゅう》を抱え込んでいたのか、を理解する必要があるからだ。

日本は明治6年1月から徴兵令を実施し、山県は当時、陸軍大輔として実質的な責任者であった。これには結果的に大久保の支えもあったといえる。当時、徴兵令の実施は勇断ともいうべき決断であった。なぜなら国を守ること、あるいは武の役割は、農民や町人には無理であるとの意見が明治新政府内での共通認識だったからだ。農民らは武術を体系だって学んでいないではないか、というのであった。

一方、山県ら徴兵令推進派は、この制度を導入する意義について「(身分上の)上下を平均し人権を斉一にする道にして、即ち兵農を合一にする基なり」と述べている。大久保らがビスマルクやモルトケから学んだ徴兵令という制度は、国民皆兵という方向で山県が実施したということにもなったのだ。

とはいえ旧士族の中には、こうした山県の考え方への激しい反発があった。徴兵令は300年近い江戸時代に培われた士族の意識が根本から否定される制度でもあった。いわゆる「不平士族」という語で語られる新政府への反発、そして徴兵の義務を「血税」という言葉で語った新政府の呼びかけに対する庶民の怒り。それは明治10年の西南戦争に至るまでの間にさまざまな形で爆発している。実は昭和につながる近代日本の底流には、こうした屈折した軍事観が流れていた。そのことを注視しておかなければならない。

(2) 西郷隆盛が見誤った「会津の恨み」

権力闘争に敗れた西郷、鹿児島に帰る

使節団の本隊が日本に戻ってきたのは明治6(1873)年9月。横浜に入港した。大久保や木戸などはすでに帰国していた。この9月以後、使節団と留守政府の間に新たな権力闘争が始まる。

留守政府は西郷隆盛を中心に動いており、西郷をはじめ板垣退助、大隈重信、江藤新平

らの間で権力の構造が一挙に変えられていたのであった。留守政府は徴兵令の実施、学制の確立、地租改正条例の布告、太陽暦の採用など次から次へと政策を打ち出していた。大久保や木戸、岩倉などは愕然とするだけでなく、自分たちの足元が揺らいでいるのを自覚しなければならなかったのだ。さらに差し迫った問題として、征韓論が公然と主張されていたのである。

征韓論には朝鮮に対して軍事的威圧を加えるという狙いがあった。当時の朝鮮は中国を宗主国として鎖国を敷き、排外的な空気が強かった。日本は幕末から国を開くべく圧力をかけていたが、朝鮮は応じなかった。

西郷隆盛＝国立国会図書館ウェブサイト

維新後、日本は天皇の下で新しく国づくりを行う旨の勅書を朝鮮側に手渡そうと試みるが、拒否される。「皇」という文字は宗主国以外は認めないというのである。

そんな事情の中で、留守政府の要人たちの多くが征韓論に傾いた。むろんそこには、新政府の新しい政策に怒る不平士族のはけ口を外に向けるという計算もあったであろう。留守政府の指導部もそれぞれ思惑は異なるにせよ、征韓論では足並みを揃えていた。西郷、板垣、後藤象二郎らはその方向で事態に対処しようと考えていた。板垣らは即時派兵を主張する強硬派だった。岩倉具視の命を受けた形の三条実美は、こうした事態にほとんど対応できない状態だったのである。

結局、事態を処理できなくなった三条は病になり、後を引き受けた岩倉が天皇の意思を持ち出して征韓論を抑えることでひとまずは収まった。その結果、征韓論を主張する一派は参議の職を辞することになった。西郷が辞めたのに続いて板垣、後藤、江藤新平らも辞任し、それぞれが国に帰ってしまった。

「西郷、鹿児島に帰る」と聞いた薩摩出身の近衛兵や警官なども辞表を出して故郷に帰った。その正確な数字は判然としないが、600人とも1000人ともいわれている。東京の警備が不安定な状況になってしまったとの話もあるほどだった。西郷に私淑する薩摩人がいかに多かったかがわかる。

明治6年11月、西郷は鹿児島に戻り、士族たちから歓迎を受けた。薩摩では士族たちの特権がまだ保証されていたからでもあった。そうした士族たちの声を受けて、あるいは新時代の改革に対応するために、西郷は県令（県知事）の大山綱良の協力を得て私学校を設立している。この私学校で士族の子弟たちが学び、さらに県内の各地に分校が出来上がった。これらの学校は武芸や武術を学ばせ、軍事的にも一人前に育て上げるという目標を掲げた。まるで鹿児島に独自の国家が存在するかのような事態になっていった。こうした独自の制度は、西郷に与えられている禄や県の予算で賄われた。

私学校の関係者は県の区長や学校長、警察署長などにも任命され、西郷の私学校は県の行政機関や教育機関の中枢の役割を果たすことになった。征韓論で下野した西郷は明治7年の段階でこういう形をつくり上げた。

彼だけでなく、参議を辞めて下野した他の者も独自の道を歩んでいる。例えば江藤新平は、明治7年2月の「佐賀の乱」に彼自身の意思はともかく参加する形になった。この乱は征韓論が採用されないことへの怒りや不平士族の不満による反乱であった。江藤は、失敗が明らかになると西郷に決起を要請したが、西郷は応じなかった。

政府軍を率いた大久保は江藤を見つけて逮捕し、裁判で死刑判決を下させて処刑した。その上でさらし首にしている。こうして新政府の分裂に伴う憎悪の感情が、次第に各人の行動にも表れるようになっていった。

征韓論で下野した指導者たちの身の処し方にはいくつかのタイプがあるが、板垣や後藤象二郎らは自由民権といった思想を掲げて政府批判に転じている。実際に彼らが結成した立志社や愛国社の組織は士族だけでなく、豪農、商人らにも広がっていった。西日本ではごく普通の農民もまた、こうした思想に関心を持つようになったのである。特に板垣と立志社をつくった植木枝盛は、もともとは福沢諭吉の影響を受けている民権論者で、人民の権利を政府と対峙させるなど理論的には極めて高度な民権論で言論を活発にしていた。

こうして見てくると、征韓論で大久保らに追われた形になった西郷や板垣などは、すぐに自分たちの信ずる道を歩み始めたといえる。大久保らの明治新政府は不平士族の乱を抑えるだけでなく、自由民権の広がりにも対応しなければ、いつ倒されるかわからない。政権基盤が不安定だった。

西南戦争勃発が必然だった2つの理由

西南戦争は起こるべくして起きた戦争であった。あえて2つの理由を挙げておこう。

ひとつは西郷隆盛の心中に新政府の人々の緩みや退廃への怒りがあり、維新の純化を求める気持ちがあったことだ。加えて不平士族の不満に何らの対応も取らないことへの苛立ちがあった。

もうひとつは大久保利通らの新政府が不平士族の反乱にとどめをさすために、鹿児島の西郷王国を壊滅させる必要があったこと。鹿児島での不穏な動きは、内務卿の大久保らにも全て伝えられていて、西郷が決起するようなことがあれば、全国の不平士族の総反乱という事態もありうると恐れていた。つまり西郷の側にも、大久保の側にも、いつか衝突の時が来るとの予想があったのだ。

大久保は薩摩出身の青年を密偵として鹿児島に送り込んでいた。西郷周辺の様子を探るのが目的であった。私学校の生徒たちの反政府熱が相当に高いものであることは、大久保もつかんでいた。しかし、西郷がそんな連中に担がれて決起するとは予想していなかった。むろん、西郷もすぐに決起して自らが新政府に代わりうる政府の樹立を想定しているわけではなかった。それなのに事態は全く予想外の形で動いた。歴史とは本来そういうものかもしれない。

政府は鹿児島にある武器弾薬の火薬庫を大阪に移すことに決めた。西郷の足元に火薬庫を置くのは危険と判断してのことであった。これに怒った私学校の生徒たちが火薬庫を襲った。この報を聞いた西郷が「しまった」と叫んだとの説が語られている。西郷にその気がなくても、その影響下にある門弟が公然と反政府の動きを示したことになる。政府は反撃してくるだろうと西郷は見通した。

そこで西郷は私学校の生徒や薩摩の士族を率いて東京に向かうことにした。西郷軍は1万人を超えていたというのである。東京に向かうのは、改めて政府の非を問い、天皇に自らの意思を伝えたいとの思いがあったからともいう。明治10（1877）年2月のことであった。

この北進は特に抵抗もなく、円滑に進むと西郷は考えていた。政府の軍隊は徴兵令によって集められた兵士であり、士族で構成する西郷軍は心中では彼らを「敵」とすら意識していなかったのである。西郷軍はまず熊本城を攻撃した。政府は西郷軍を賊徒と名指しして、征討令を発した。こうして内乱状態となっていった。

政府軍が「会津の仇!」

西郷軍と政府軍の戦いは、熊本城をめぐる戦いから田原坂《たばるざか》での戦いと、その範囲を広げていった。西郷軍にとって意外だったのは、徴兵制によって編成された政府軍が手ごわく、しかも勇敢であったことだった。

このときの軍隊の編成は東京鎮台、名古屋鎮台、大阪鎮台からの兵士が中心であったが、それでも西郷軍には数の上で劣っていた。そこで失業状態にある士族を集めて武装させ、西郷軍と戦わせたほうがよいとの意見が出された。これに対して山県は、それでは徴兵制の意味がなくなると、強い口調で反対している。政府は西郷らを反乱軍と見て、いかなる形であろうとも新体制を壊しての戦いにしてはいけないという立場を崩さなかった。それだけの自信があったと言える。かつて新政府のもとで長州出身の山県は薩摩の西郷ととももに軍事について相談し合う仲であり、だからこそ西郷に政府軍の充実した姿を見てもらいたいとの思いもあったのであろう。

この戦いでは政府軍の兵士や途中から参加した北海道の連隊などが、西郷軍を徹底して追い詰めている。彼らは西郷軍の兵士を倒すたびに、「会津の仇！」と叫び、なお一層追いかけ回したといわれている。各地に散った会津の士族たちは、戊辰戦争の復讐とばかりに西郷軍の兵士を斬っていったのだ。同時に政府軍の兵士には、自分たちを軽く見ることへの怒りもあったと言っていいであろう。

西郷軍は何から何まで見通しを誤ったといってもいいように思う。このおごりは田原坂の戦いなどで露呈していった。

次々と援軍が送られ、武器も新兵器が投入され、旧来の銃を使っている西郷軍は次第に撤退を余儀なくされていった。結局、敗退同然の姿で鹿児島に戻り、城山で布陣することになる。数カ月で勝敗の行方が明らかになった。

西郷は私学校の教師や生徒たちが敗残の状態で鹿児島に戻ってきたとき、この戦いにより、自らの歴史上の役割が負に変わったことを心の底から自覚しなければならなかったのである。

山県からの情理を尽くした書簡

最後の陣を敷いた城山の西郷のもとに、政府軍を指揮する山県有朋から密かに書簡が届いた。冒頭にはこうあった。

「辱知生《じょくちせい》山県有朋頓首再拝。謹で書を西郷隆盛君の幕下に啓す。有朋が君と相識るや茲《ここ》に年あり。君の心事を知るや又蓋し深し」

山県は、自分は西郷の心情をよく理解できると縷々《るる》つづるのである。今回の決起とて、「君の素志に非ざるなり。有朋能《よ》く之を知る。夫《そ》れ君の徳望を以て鹿児島壮士の泰斗たり」とも書いている。不平士族の乱は次々に壊滅したが、天下には「西郷出ずんば」の声が満ち、それに応じたのであろうとの見方をする者が多いが、私（山県）はそうは考えていない。

山県は、私学校の生徒たちはむしろ日常の中の不満（例えば壮士輩の人倫にもとる道を歩む才なき連中などへの）をもって立ち上がったが、あえて理由を「西郷のため」といっているのであろうと断定している。そして次のように忠告している。

「願くば君早く自ら謀り、一は此の挙の君が素志に非ざるを証し、一は彼我の死傷を明日に救ふの計を成せよ。君にして其謀る所を得ば兵も亦尋《つい》で止まん」

その上で末尾を「君幸に少しく有朋が情懐の苦を明察せよ。涙を揮て之を草す」と締めくくっている（引用は岡義武『山県有朋』から）。

情理を尽くした書簡である。西郷は、これを読んで「我れ山県にそむかず」と呟いたと言われている。歴史の中に、反乱の指導者として名を残すのではなく、この戦いを歴史を前に進めたという形にして収束せしめよ、という山県の忠告には、西郷も内心で納得していたのかもしれない。こうして政府軍は総攻撃に出るのである。

ここに新たな天皇像が確立した

西郷隆盛の死についてはすでに多くの書物に書かれている。彼は鹿児島の城山に閉じこもった状態で、政府軍の最終的な攻撃を受けた。この時、西郷軍兵士はわずか数百人だったという。この西郷軍を1万人に近い政府軍兵士が包囲したのだから、勝敗の結果は目に見えている。政府軍が総攻撃に出たのは9月24日。西郷が城山の洞窟を出たのは死を覚悟してのことであった

実際、西郷は流れ弾に当たり、負傷して動けなくなった。側近の門弟である別府晋介に「晋どん、もうよか」といって介錯《かいしゃく》を促したというのであった。こうして西郷は49歳でその一生を閉じた。西郷の遺体について、政府軍の参謀が山県有朋に語った内容が明らかに

されている。やはり悲劇的な結末だった。

西郷軍は西郷の首を隠そうとしたが、それより早く政府軍は西郷たちが自決した場所に駆けつけたという。その後のことは山県に逐一報告された。政府軍の将校の一人が西郷の首が隠される前に見つけてしまった。その将校は、西郷の首を奇麗に洗って山県のもとに持ってきた。

「(山県は)涙を催され乍ら感慨無量の面持ちで、西郷の顔付きも以前と変りない。この髭は三日剃り位だろう、と言ってその髭を撫でてみられた後、その首級を私に渡された」との将校の証言が残されている(前出・岡義武書)。こうして西南戦争は一区切りがついたのであった。

西郷を不平士族の雄として語るのは確かに無理がある。だが、こうして全国の不平士族の反乱はひとまず収まった。西郷のような大物でさえ、政府にかなわなかったのだから、不平士族や一部の反政府的な動きなどは容易に潰されることが明確になった。

西南戦争以後の反政府的な動きは全て自由民権運動が主役となっていく。幕末・維新の「革命」に類するような動きは次第に抑えられるようになった。士族の反政府の論理は兵士たちに受け入れられない形になった。幕末・維新はこの西南戦争をもってひとまず一定の形がつき、ここからが本当の近現代史の始まりと言ってもよい。

重要なのは、このころから明治天皇が自らの意見を明らかにするようになったことである。天皇が政治、軍事についてひととおりの知識をもつようになったとも言えた。ここに新しい天皇像も確立していくことになった。

(3)「天皇がいて、いなかった」大正の5年間

他国へ一兵も攻め入らず

近代日本史を繙《ひもと》いていて、ああこの5年間はそれまでの日本社会と異なるなと呟きたくなる年代がある。大正10(1921)年11月から15(1926)年12月25日までである。年譜を見るとわかるが、軍事上の大きな事件はまったく起きていない。逆に関東大震災(大正12年)のような大きな災害が起こっている。加えてこの5年間は大正デモクラシーが社会に広がる時でもあった。

なぜこの5年間に着目するのか。「天皇がいて、いなかった時代」だからである。存在するけれど実存しない時代だったと言うべきである。大正10年11月25日に大正天皇は大詔を発表している。

海軍大佐の制服を着た摂政時代の昭和天皇（24歳）＝大正14（1925）年10月31日

「朕久しきに亘るの疾患により大政を親らすること能はざるを以て、皇族会議及び枢密顧問の議を経て、皇太子裕仁親王摂政に任ず」

との内容であった。翌26日に皇太子（後の昭和天皇）は摂政就任の令旨《りょうじ》を発表している。

このたび皇上の御不例により、予は成典に従って摂政になることが決まった、予はこの役を果たそうと思うが、国民も予の意思を理解し、「分に随ひて公に奉し、上下心を一にして」国運の隆盛に努めよと、国民向けに発表している。

まだ20歳を越えたばかりの皇太子は、新たに摂政としての役割を担うことになったにせよ、具体的にその政務の範囲がどの程度のものなのかは判然としていなかった。5年間の奇妙な時間は、まさにそういう困惑の反映でもあった。

この5年間の特異性のひとつは、軍事がまったく動いていないことである。この時代に日本軍の兵士がただの一兵も他国に攻め入っていないことは何を物語るのだろうか。その点は十分に検討に値する重要事と言っていい。

ちなみに昭和という時代のカレンダーの昭和2（1927）年、3年を見ると第1次山東出兵、第2次山東出兵が起こっている。昭和天皇の即位後に起きたこれらの軍事行動はあまりにも異常である。昭和3年には関東軍による張作霖爆殺事件が起き、6年の満州事変へと行き着く。なんとも異様な出来事の連続である。

だが軍事上の事件と事象が大正末期の5年間に起こっていない事実、軍隊が4個師団を削減するなどむしろ軍事への膨張に歯止めをかけたように見える事実を、私たちはいかに考えるべきか。その点が改めて問われている。そこで「天皇がいて、いなかった時代」の内幕をより具体的に検証してみようと思う。これによって近代日本の姿がもうひとつの側面となって浮かび上がってくるのである。

牧野伸顕、西園寺公望らが密かに目指した国家像

一口に「摂政宮」と言っても、その位置には多様な考え方があった。ひとつは摂政宮の座についた人はすべからく、大正天皇に与えられている全ての権限をそのまま行使すべしといった考え方だ。大正天皇の代行である。

これとは別に、摂政宮についた人物（この場合は皇太子になるわけだが）の持つ権力の範囲でしか裁可できないという考え方もあった。あるいは「摂政宮」という枠内に政務を限定しての政務代行という考え方もあった。

大正天皇の病気療養により摂政宮を置くにあたって、実はこの点は曖昧にされていた。この制度を利用するにあたって、その先導役を務めたのは終始、宮内大臣の牧野伸顕だった。

牧野は首相の原敬や元老の西園寺公望らとともに、青年皇太子を摂政に据えることが大正天皇とは別の天皇像をつくり上げると密かに考えていた。彼らは摂政宮を天皇として育てていき、「君民一体となった国家」の創設を企図していた。大正天皇を乗り越える天皇にしようと考えたのであった。その意味では大正天皇の代行というより、「摂政宮・皇太子」の立場での天皇の政務、軍務代行と割り切っていたのではないかとも思える。

当時の陸海軍は第1次世界大戦後の国際協調路線の影響を受けて、軍事それ自体がおとなしい時代でもあった。しかしそれとは別に、軍事指導者たちは摂政宮に軍事上の判断を仰ぐことにためらいがあった。

天皇は日本陸海軍の最高指揮官であり、兵士たちが死を賭して守るべき神格化した存在であった。まさに「神」であった。その天皇が「存在するけれど存在しない」というのは、論理的にも心理的にも納得し難い状況であった。精神の帰一性がその根本から揺らいでしまうのである。

加えて、当時の青年皇太子は陸海軍の佐官（少佐、中佐、大佐）の階級であった。むろん皇太子はいずれ天皇になり、一般の将校とは異なるスピードで階級を上げて大元帥となるのだが、皇太子が大元帥に達するにはまだ数年の時間が必要とされていた。軍事指導層の将官たちが、佐官の摂政宮に書類を届けて裁可を求めることはできなかったのだ。

「軍人冬の時代」——露骨に嫌がられた軍人たち

この時期は軍事の評判が極めて悪かった。大正デモクラシーの広がりによる人道主義的な考えが、社会に定着しつつあった。加えて１９２０年代の国際協調時代でもあった。第１次世界大戦の悲惨な体験が人類の歴史に深刻な反省を与えたのである。日本社会でも軍人への風当たりが強かった。第１師団の兵士たちは八王子周辺での訓練を終えて麻布の兵舎に帰る時に、当時の国鉄を利用するのだが、兵隊たちが列車に乗り込むと一般の乗客は露骨に嫌悪の表情を示した。「おまえたちは臭い。向こうに行け」と追い払うことも珍しくなかった。軍服を脱いで役所に通う軍人もいた。大正10年から15年の間、陸軍士官学校でも中退者が続出したのである。

秩父宮が在籍していた第34期の候補生はおよそ350人であった。このうち40人余が退学している。軍人はあまりにも特殊すぎるというのであった。意外なことにこの5年間は軍人にとって「冬の時代」だったのである。昭和に入って軍人が専横を極める時代は、この「冬の時代」への反発もあったと言えるだろう。社会的屈辱を晴らすという意味もうかがえるのだ。ただ、第1次世界大戦でドイツが敗れたことにより、日本がアメリカ、イギリスと並んで世界の3大国になったという単純な構図に喜びを表す国民もいて、軍事に関する受け止め方は複雑な面もあった。

この時期、軍人の中でもいわゆる中堅幕僚たちは「国家総力戦構想」を思想としていた。第1次世界大戦後、永田鉄山、小畑敏四郎、岡村寧次、東條英機、石原莞爾らの軍内エリートはベルリンに留学させられ、ドイツの目で戦場分析を行うように命じられた。これらの幕僚たちは密かに軍内に秘密結社のような勉強会をつくり、2つのことを決めた。「長州閥打倒」「軍事政権の樹立」である。

彼らは第1次世界大戦を経て、戦争が大きく様変わりしたと読んだ。国民一人ひとりを戦争の歯車にいかに組み込んでいくか、それが軍人の役目だと自覚したのであった。日本の国民に戦争とは何かと呼びかけ、単に一般的な論理として理解することを求めたのではなく、戦争で軍人は命を張って戦う存在だと知らしめることを目的としていたのである。

この国は軍人の命によって守られるといったことを、中堅幕僚は事あるごとに説き、「冬の時代」をはねのけようとしていた。

「大善」「小善」という歪んだ論理

その反動が昭和初期にどのように表れたか、そのことを語っておきたい。

昭和初年代の青年将校による国家改造運動は、大体が20代後半から30代前半の世代による天皇神格化運動といってもよかった。彼らは「反軍事の動きに強い不安と憤りを持った」と証言していた。軍事大国への道は軍事が担ったのではないかというのである。もともと軍人は天皇の軍隊に属する特別の存在だというのであった。

軍人たちは一般社会のことを「地方」と呼び、自分たちは天皇に直結しているが、地方人は天皇に直結しているわけではないと軽侮していた。それが大正末期の5年間は、その地方人から侮られていたのであった。そのことは独特の心理状態を描き出した。

昭和初年代の陸海軍の軍人による国家改造運動は2つの特徴を持っていた。ひとつは要人暗殺を厭《いと》わないというテロやクーデターの容認であった。自分たちの権力基盤を固めるためには、武力を使うことをためらわないというのであった。

もうひとつは、自分たちの行動は常に大御心《おおみこころ》に沿っているとの自負であった。自分たちは天皇陛下の軍隊であり、天皇の意思を忠実に具現化しているとの確信であった。昭和維新の旗を掲げて行動する自分たちは、天皇の意思を代弁していると信じ切っていたのである。

2・26事件に加わる予定だった青年将校の一人に、戦後になって話を聞いたことがある。私は彼に、どうして天皇の信頼があると考えたのか、と質した。彼は次のように答えた。

「当時、我々は『大善』と『小善』という言葉をよく使った。軍人が軍人勅諭の教えに従い、天皇の軍隊の一員として振る舞うのを小善といった。大御心がわかっていない凡庸な軍人に過ぎない。これに対して、大御心に沿って天皇のお気持ちを察し、一歩先んじた行動を取ることを大善と呼んだ。大善の考え方が5・15事件、2・26事件に盛り込まれている」

つまり昭和初期の軍人のテロやクーデターは、天皇のお気持ちに一歩先んじて起こした「大善」であるというのであった。このような歪みは大正末期の「天皇がいて、いない時代」の副産物だったのである。

大正末期の非軍事的動きとそれに呼応する日本社会の変化は、大きくいえば第1次世界大戦後の国際情勢の移り変わりに影響されていた。加えて、この摂政宮の時代と前後して指導者の交代期に入っていた。大正10（1921）年11月、元老・山県有朋が信頼を寄せていた首相の原敬が暗殺された。その理由は判然としないが、背後に原の憲政擁護や非軍事的な態度に苛立つ勢力がいることは十分に想像できた。

その山県も翌年2月に83歳で病死している。

山県の死は社会そのものの大きな変革を意味した。藩閥政治の終末である。山県が担った明治以来の天皇を軸にした軍事主導路線、官僚政治はひとまず幕を下ろす方向に向かったのである。憲政擁護、普通選挙の実施要求の動きは、まさに山県の死とともに政治家、言論人、社会運動家たちによる民主化闘争というべき趣になった。

中産階級と共産党の誕生

それとは別に日本にも次第に中産階級が生まれてきた。大学や専門学校を卒業した青年が企業の一員として働くことにより、給与生活者の階層を形成するようになった。しかも彼らは知的な一団でもあり、その予備軍たる大学生が積極的に民主化闘争に参加するようになった。例えば早稲田大学で学内に陸軍が軍事研究会をつくろうとしたとき、学生たちが公然と反対の声をあげた。京都でも京都帝大や同志社大の学生たちが、普通選挙の実施要求や労働運動の支援に乗り出した。

大正8（1919）年9月ごろには、早稲田の学生・浅沼稲次郎や三宅正一らが中心となって建設者同盟が結成された。このグループには東京帝大や慶應義塾大学、明治大学の学生も加わった。東京帝大では「新人会」が誕生し、最終的には社会主義を目指す組織体となっていった。

さらにロシア革命（1917年）による影響は直接日本にも入ってきた。大正11年7月、共産党が密かに結党された。委員長には堺利彦が選ばれている。この共産党は「コミンテルン」（共産主義インターナショナル）日本支部としての発足であった。

大正末期の5年間と昭和初期の7、8年間は共産党と特高警察の戦いの時期と言えた。摂政宮の時代は図らずも国際社会と日本社会の変化の時に当たっていたのだ。

一方で共産主義とは別にアナキズム団体もつくられた。アナキズムは日本では「無政府主義」と訳されたが、あらゆる組織を否定する政治思想であった。

大正末期の共産党やアナキズム団体の文献、資料を改めて読んでみると、日本の知識階級が難解な革命理論を読みこなしていることに驚かされる。コミンテルンの大会（1922年）では、日本共産党の綱領が示された。日本がそれを受け入れるか否かは日本自身に委ねられたにせよ、そこには過渡的スローガン（22年テーゼ）として、政府の転覆や君主制の廃止などを掲げて戦えとあった。

しかしこうしたスローガンを指導部は表向きにはしなかった。弾圧を恐れたのである。

共産主義運動の革命理論が知識人に広まったのは、日本社会の矛盾が大きくなっていたこととも関連があった。

(4) 甘粕正彦は大杉栄虐殺の「真犯人」か?

関東大震災で生じた虚無感

これらの日本社会の変化は摂政宮の時代の特徴であった。こうした人為的な変化とは別に、自然災害による人心の変化もまた生まれた。大正12（1923）年9月1日に起こった関東大震災がそれである。この震災は日本近代史の中でもっとも大きな災害であると同時に、日本社会を根本から変えることになった。

摂政宮の時代に移ってわずか2年たらずの間の出来事であり、宮中周辺には、これは何かの祟《たた》りではないかとの声も上がった。不吉な現象というのであった。

大地震はこの日の午前11時58分に東京、横浜を襲った。震度6の強力な地震で、被災者は東京で190万人に、横浜を中心とする神奈川県で117万人に及んだ。東京、神奈川での死亡者、行方不明者は10万人余に及び、倒壊家屋、焼失家屋は60万戸にも達した。まさに未曽有の被害であった。関東大震災は大正末期の5年間にいくつかの事象、出来事を生んだ。それをこれから語っていくが、特に次の点は重視される必要がある。

①形あるものが崩れる絶望感、虚無感
②社会主義者、朝鮮人、中国人らへの殺戮行為
③日本社会の旧時代の価値観の変化

こういう事象を改めて整理しておきたい。このことは近代日本が閉塞状況になれば、いかなる光景が描かれるかをよく示している。

日本社会は情報途絶社会であり、そのため意図的なルーマー（噂）が撒かれたら、予想もつかない行為が起きることがあり得ると実証したとも言えるのである。

まず形あるものが崩壊するという点である。東京、横浜の近代的建造物があっさりと崩れていく事態に、当時の人々は心理的な絶望感を味わったとみることができるだろう。

大正期を代表する文学者の正宗白鳥、佐藤春夫、田山花袋らはいずれも「中央公論」や「改造」などに原稿を発表して、その絶望感を正直に書いている。人類のつくり上げた文明などは、あっという間に壊れるのだ、私たちの間にある虚無感は決して間違いではない

関東大震災で劇場街も焼け野原になった浅草公園六区周辺。左後方は上部が崩壊した凌雲閣（浅草十二階）＝大正12（1923）年９月

と書いているのだ。

私のみるところ、共産主義運動やアナキズムの広がりは、この虚無感や絶望感を土台にしているようだ。特にアナキズム運動を調べていると、その感が深くなる。私の取材したアナキスト（複数）は「リャク」の内情を克明に語った。リャクとは略奪のことで、要は有名人のところに行って、「革命が成ったら、あんたは一番最初にギロチン行きだ。それが嫌ならカンパしろ」と脅かすのである。

アナキストの中にはそれで生計を立てたり、運動資金を捻出するケースがあった。このようなアナキストの生態は高見順の小説『いやな感じ』に描かれているのだが、実際にこの小説どおりだったとアナキストたちは証言している。

むろんアナキストも大学教育を受けているの

で、理論的には革命の説明ができたが、ロシアの上着であるルパシカを身にまとい、颯爽《さっそう》と街を歩く彼らは、革命よりも自由に生きることが目的だった。心理の底には虚無感の方が強かったのだ。

関東大震災の折に、共産主義者やアナキストは、軍人、警察、あるいは自警団に数多く殺されている。彼らが大震災に紛れて不穏な動きをするのを警戒するという名目で、軍人たちは組織立って次々と殺害した。

アナキズム運動の指導者だった大杉栄は、憲兵隊に身柄を拘束されて絞殺され、井戸に投げ込まれている。この事件はその後、より不気味に展開していく。憲兵、兵士による殺害の残酷さ、復讐を誓った大杉の同志たちの動き、そこには憎しみだけの虚無感が漂っていた。

当時も「実行犯は他の将校だ」と囁かれた

大杉の虐殺は現在に至るも真相は不明である。大杉夫人の伊藤野枝、そしてたまたま連れて歩いていた甥で6歳の橘宗一《むねかず》も殺され、井戸に投げ込まれていた。当初この事件は、軍内部で組織的に行われたために、闇に葬られる危険性があったが、一部の新聞が大杉が行方不明と報じたため少しずつ明るみに出された。

そこで軍部は壮大な虚構をつくり上げたようであった。大震災から2週間ほどを経て、東京憲兵隊分隊長の甘粕正彦が違法な職務行為を行ったので軍法会議にかけられることが決まったと発表した。軍法会議で甘粕は「大杉の所在を調べたのはなぜか」と問われると、震災時に警察が社会主義者の検挙を行ったが、これは小物ばかりと不満だったという意味のことを答え、「大物を検挙しないならこちらの手で大杉の所在をつかむことにしたのです」と応じている。その上で次のようなやりとりがあった。

大杉栄・伊藤野枝と、道連れになった甥の橘宗一さん＝大杉・伊藤は大正12（1923）年7月1日、東京駅での撮影

「所在を知った場合はどうする気であったか」
「むろん殺してやろうと思っていました」（この問答は『関東大震災』中島陽一郎著から引用）

その上で殺害した場所（憲兵司令部応接室階上）、殺害方法（絞殺）、大杉と伊藤を殺した時間（40〜50分）なども細かに明かしている。こうした公判が4回続いたあとに判決が言い渡された。甘粕は懲役10年であった。甘粕の部下たち3人はいずれも無罪となった。この判決文はよく読むと、主義者は危険な存在だから殺害もやむを得ないと読める箇所もあった。

実際に陸軍省の法務官が提出した「意見書」の中には、震災時に軍隊が出動したが、いずれ撤退すると、「如何なる不逞行為に出ずるやも知れざれば此際に於て殺害するを国家のため有利なりと思惟」との一節があった。大杉に限らず、社会主義者は国家のために必要ではない、だから殺害してもかまわないとの論理を持っていたのである。

しかし甘粕が大杉を殺害したというのは実は誤りで、実行犯は他の将校たちだとの声は当時から囁かれていた。甘粕は実行犯の役を引き受けることでその真相をぼかしたというのであった。確かに甘粕はわずか3年で釈放され、陸軍幹部はフランスなどヨーロッパに「慰労旅行」をさせたという事実もある。

大杉、伊藤野枝ら3人は一斉射撃を受けた?

軍法会議では甘粕正彦が大杉栄と伊藤野枝、それに橘宗一の3人を自分が殺害したと主張したが、甘粕の部下の1人は宗一少年を殺害したのは私であると証言した。しかし、こうした蛮行が軍の敷地内で、半ば公然と行われたことへの深い調査はなされなかった。

この裁判の中身は新聞では詳しく報じられなかった。政府が直接圧力を加えたからだった。しかし、この裁判は茶番であり、本質はもっと異なるとの噂は歴史の中で密かに語られてきた。その噂について語っておくことにしたい。

これは歴史家のねずまさし氏の調査、分析によるのだが、ねず氏はその著書『日本現代史第4』（1968年）の中で、「事実は、四十年後の今日はじめて発表される運命となった」と前置きした上で、次のような内容を書いている。

大杉らは自宅に乗り付けた陸軍の自動車によって、東京・麻布にある第1師団の歩兵第3連隊に連れていかれた。将校と下士官らによる拉致である。

「3人は営庭で兵士の一斉射撃を受けて銃殺された。大杉は『殺される』と感づいて、ひざまずいて将校に命乞いをしたという。だが忠君に燃える軍人、社会主義を敵視している軍人は容赦しなかった」

この事実を後藤新平内相や田中義一陸相らは知らなかった。田中は大杉が軍人

甘粕正彦・元憲兵大尉。懲役10年だったが3年で仮出獄。その後満州に渡り、満州映画協会理事長も務めた。日本の敗戦直後8月20日に54歳で服毒自殺。＝写真は仮出獄時の記者会見、大正15（1926）年11月3日

に拉致されたと知り、憲兵司令官に調査を命じている。ねず氏はこうした動きを紹介した上で、憲兵司令官の調査を軍上層部、政治指導者たちが知って激怒したと記している。

こんな勝手なことをしたのは軍の統帥の源が崩れているからであった。摂政宮の時代に対するまさに下克上であった。

結果的にこの事件は、福田雅太郎戒厳司令官が更迭され、憲兵隊が事件を起こしたという形になって終息した。軍首脳が福田を罷免したのは、歩兵第3連隊の内部でこのような行為が行われたことが社会に漏れないようにとの配慮のためだったのである。

ねず氏は、こうした事実が実は昭和陸軍の指導者の一人でもあった畑俊六・元帥の日記に書かれていると明かしている。畑が従兄弟に当たる大石基隆（日本新聞記者）に詳細に語っていたというのである。

そういう形で事件は昭和に入ってから密かに語られ続けてきた。事実としたら、なぜ隠蔽されたのか。それが重要になる。

ねず氏の記述によると、畑俊六の日記の内容は畑から直接話を聞いた大石基隆の口から、戦後になってその周辺の人々や無産運動の活動家などに、こっそりと伝えられたというのであった。太平洋戦争の終結後に、真犯人は歩兵第3連隊の将校と下士官との説は少しずつ広まった節があった。3連隊事件ともいうべき虐殺事件の理由について、ねず氏は、

「当時3連隊には摂政宮の弟たる秩父宮が少尉として勤務している。その将校らが社会主義者とはいえ、無実の人間3人を銃殺したとあっては、世界及び国民の疑惑は皇室にそそがれ、皇室に傷が付くことになる」と書き、憲兵隊が全てを背負いこむことになったというのである。

陸軍兵士に護送される朝鮮人ら。震災後、朝鮮人が暴動を起こすなどのデマが広がり、自警団に暴行・殺害される事件が続発。5千人余を検束して強制収容した。ほとんどが素足だ＝大正12（1923）年、現在の墨田区両国

　これが事実であったとするなら、大正末期の摂政宮の時代の5年間の軍部は、対外への出兵は一度もなかったかわりに国内に一方的に「敵」を作り、その敵を惨殺することを何とも思っていなかったことになる。

　また、共産主義者や中国人、朝鮮人を軍人や自警団が平気で殺害したのは、流言飛語に踊らされてであるとはいえ、あまりにも異様な行為である。東北弁や地方訛りのある人が「日本人ではない」とみられて惨殺されることも珍しくなかった。このような状況を子細

に点検していけば、つまりは日本社会にある種の恐怖感が存在したということになる。情報途絶社会の中でその恐怖感が増幅していたということになろう。

甘粕を裁いた軍事法廷で、検察官は論告求刑において、国家の立場は公明正大であるべきで、思想には思想をもって対抗すべきと説き、国家に反対の主義者を殺害したとしてもその思想を取り除くことはできないと言い、私刑は国家のためにならないと結論づけた。その上で情状酌量の余地もあると言って、甘粕は主観的には国家を思っていて、一命を捧げて国家に尽くそうとする精神があったとその行為を全面的に否定していない。動機は至純だというのだ。

またある書によると、一般の兵士たちは社会主義者や「不逞朝鮮人」を殺害すると出世すると言われていたとの証言もあったという。このような歪みは当時の新聞が時に大胆に報じてもいた。大正末期、庶民が感情むき出しで軍人を遠ざけたのは、こうした歪みへの反発だったと言ってもいいのではないだろうか。

(5) 中野正剛はなぜ自決したか?

「真相箱」が明かした真相の裏側

太平洋戦争の終結後、国民が知った「隠された事実」は多いのだが、そのいくつかに触れておきたい。

昭和20年12月8日から、GHQ（連合国軍総司令部）は2つのキャンペーンを始めた。ひとつは全国の新聞に一斉に「太平洋戦争史」を連載させたのである。日本人はこの戦争の全体像を知らなさすぎるので、体系立って教える必要があるとの判断であった。

もうひとつは、ラジオで「真相はこうだ」という番組を週1回、10週間にわたって放送させたのであった。その後継番組が「真相箱」であり、21年11月まで放送された。この番組の企画、台本、演出などは全てGHQの将校の手によってなされた。内容は日本の庶民がもっとも知りたがっている戦時下の事実を、投書の質問に答えて客観的に伝えるという形式に徹していた。

国民には戦時下の事実がほとんど伏せられていた。従って、とにかくどのような事実があったのか、日本は至る所で「勝った、勝った」と叫んでいたが本当はどうだったか——。

GHQの将校たちはその疑問に答えることを眼目にしながら、その実、アメリカンデモクラシーを日本人に受け入れさせるという戦略があった。ちなみに「真相はこうだ」はベートーベンの「運命」で始まった。

「真相箱」が明かした事実の一つに、衆議院議員・中野正剛の死があった。

東方同志会を主導する中野正剛は、議会で独自の言論活動を続けていたが、戦時下に突然自殺を図り、国民を驚かせた。なぜ彼は自決したのか。

中野は昭和18（1943）年1月1日の朝日新聞に「戦時宰相論」という原稿を書いた。戦時を指導する首相は指導的な役割を果たさなければならないと説いたのである。名指しではないが、東條英機への痛烈な批判であることは、誰の目にも明らかだった。首相官邸の寝室でこの新聞を読んだ東條は激怒し、司法大臣に逮捕を命じている。

むろん、いきなりそんな乱暴なことはできない。そこで東條は憲兵隊に命じて中野の身柄を拘束し、取り調べを行わせた。

憲兵隊から釈放になった日に、中野は自宅で割腹自殺を遂げている。隣室で憲兵が監視している中での死だった。関係者の間では、中野が言うことを聞かないなら、体の弱い息子を戦場に送ると、憲兵隊が東條の意を受けて脅したとの説が当時から囁かれていた。

「真相箱」はどのように答えているか。まず「そのころ東條は尾崎行雄氏をも投獄し、さらに再び東條流の法律と人々に対する飽くなき暴虐ぶりを遺憾なく発揮したのであります」と述べた上で、次のように続けるのである。

「こんな風に東條は無謀極まる軍人であったが、心の中では中野氏の指導的な才能に恐れを抱いていました。そこで東條の目的、手段、政治的対応に反対しないと中野氏が約束しない限り、中野氏を断じて釈放しないと決めていたのです。中野氏はこれに屈服するような政治家ではありませんでした」

そして「真相箱」はある一団が東條を暗殺し、中野を救援する決死隊を編成したとして、中野はその責任を取らされたと放送したのだった。

真偽は不明と言うべき内容である。私の調査では真実は異なっている。それを明らかにしておきたい。

国会・衆院議場で首相、外相らに質問する中野正剛議員＝昭和９（1934）年１月25日

中野正剛の自決に関して、「真相箱」は東方同志会の会員が東條暗殺を考えたことをその一因に挙げているが、これについては確たる事実がない。東條の側は暗殺計画があると

でっち上げるのが常套手段だった。それによって憲兵隊を動かし、誰かに弾圧を加えるのであった。

昭和18年の時点で、東條はなぜ中野を恐れたのだろうか。答えは議会で自分に批判的な政治家が、政府提出の法案にいろいろな視点から注文をつけてくるのを恐れたからである。ありていに言えば、東條は議会での質問に法的な、あるいは政治的な答弁を返すことができなかったのだ。中野のような政治家が舌鋒鋭く戦時政策を質すことに怯えていた。それ故に中野を逮捕して議会活動を封じ込めたかったのである。

中野を拘留する理由がないとすれば、次にやるべきなのは脅しであった。そうやって中野を自殺に追い込んだのだ。中野は寝室で「断」という一字を書き残して果てた。

さて、私の調査ではこの経緯には、軍事が政治権力を握る怖さがよく現れているように思える。私がこの事件の知られざる一面を知ったのは昭和50年代である。

中野に私淑する東方同志会の会員、そして石原莞爾系の東亜連盟の会員たちは、戦時下に東條の弾圧を受けたことを忘れていない。だから、彼らは戦後すぐに戦前戦時下の弾圧の仕返しとばかりに憲兵隊を捜し出しては取り調べの実態を聞き出し、メモをつくった。私が中野の主宰する東方同志会の会員や、石原の東亜連盟の幹部らから聞かされた話である。

彼らは昭和22、23年ごろ、中野を取り調べた元憲兵隊員をやっと捜し出した。元憲兵隊員は東海地方の町会議員になっていたという。その男を山中に呼び出し、中野の自決の経緯を聞き出した。彼は震え、土下座し、「上官に命令された」と弁明を続けた。幹部たちは、中野が受けたであろう暴行を元憲兵隊員に加えた。そして彼の知るところをほとんど聞き出した。

中野はソ連のスパイに仕立て上げられた

中野正剛の自殺に納得できない東方同志会の会員や中野を崇拝していた門弟、あるいは東條の異様な弾圧を受けた民間人は、戦後に相応の仕返しを行った。そのことは密かに語り伝えられている。戦前、戦時下の弾圧が激しければ激しいほど、そのような不気味な話は異様さを伴っている。

私は、中野の自殺を東條の権力によって殺されたと信じていた人たちの怒りが、元憲兵隊員への暴力、そして真相を聞き出すことにつながったと推測するのだが、その真相は複雑な様相を呈していた。具体的にどういうことか。

実は中野を取り調べた憲兵隊の隊員たちは「中野はソ連のスパイである」と上から言われていたというのである。東條英機やその配下の東京憲兵隊の幹部から、スパイであることを自白させろと命令されたというのだ。

中野にとっては全くの言いがかりである。自白のしようがない。そういう時は拷問まがいの暴力、肉親を激戦地に送るなどの脅迫によって自白調書を作る。中野にもその手が使われた。中野は「スパイだと白状しろ」と言われ、認めなければ息子を激戦地に送ると脅されたようだ。彼は「考えさせてくれ」と答え、一応は釈放された。代わりにその元憲兵隊員が監視役としてついていくことになった。その隊員は中野の隣室で睡眠をとった。そして中野は真夜中に自決したのである。

中野に私淑していた人物はこうした経緯を私に説明し、「根も葉もないことを言われた中野は東條らに殺されたも同然だ」と怒りの口調で語った。

東條や憲兵隊幹部はなぜ、中野をスパイだと思い込んだのか。このことについて私は、反東條の有力な政治家だった人物や東條の部下だった軍人に詳細に聞いた。その根は大正時代に行き着く。

大正末期、ジャーナリストから政治家に転身した中野は、当時誕生したソ連政府の承認を説いた。議会では革新的な立場に立った。さらに中野は軍事予算が膨れ上がるのを鋭く批判したのである。軍人には目障りな存在だった。その中野が他の議員とともに満州方面への視察に赴いたことがある。その視察旅行を憲兵隊が尾行していた。

その憲兵隊員の報告書が実は問題であった。

報告書には、中野が旅費や滞在費が必要になると、ある銀行の支店に行って預金口座から現金を下ろしており、その預金が国際共産主義運動の指導組織である「コミンテルン」から送られてくる秘密資金だと書かれていたという。根拠はなく、憲兵隊員の推測に過ぎなかった。というより、中野を快く思わない軍内の幹部に偽りの報告をしたというのが真相と言っていい。中野が軍部に好感を持っていないのは、ソ連のスパイだからということにしようとしたのであろう。

この報告書は憲兵隊の中に保存され、上層部だけが読むことができる文書に収められていた。ほとんどの幹部は注目していないが、実は東條は陸軍次官になった折にこの文書を読んだ節がある。こうして「中野はスパイ」と思い込んだのであろう。そこには東條の性格もあっただろうが、この思い込みが中野自決の背景にあると言っていい。

中野に私淑する一団が、山中に元憲兵隊員を連れ込んで聞き出した証言では、そういうことまではわかっていない。ただ中野に、自分はソ連のスパイだと「自白」させろと命じられていたに過ぎない。それが東條の思い込みに端を発していたとの構図が浮かび上がってくる。

私にこうした事実を教えてくれたのは先に挙げた複数の人物たちだが、こうした構図を裏づける事実もある。戦後、憲兵隊の資料は焼却されたが、焼け残った資料、文書もある。そういう文書をまとめて読み物風に仕立て上げて刊行された書物があった。そこに中野スパイ説の憲兵隊の報告書の一部が使われていたのである。東方同志会、東亜連盟の会員たちは激高した。

この書はすでに絶版になっている。私も目を通したが、明らかに中野の信用を傷つける内容であった。こんな内容を信じて、死に追いやった軍事指導者の責任は重いと言うべきであろう。太平洋戦争下の軍事指導者による弾圧は、まさに常軌を逸していた。

「聖戦」に逆らう者は懲罰召集

東條内閣は、中野正剛だけでなく、ほかの人々にも残酷な弾圧を加えている。これは「真相箱」が明かしているわけではないが、ひどい例をほかにも紹介しておこう。

昭和19年、東條は毎日新聞に「竹槍では間に合わぬ」との記事を書いた新名《しんみょう》丈夫という記者を懲罰召集して激戦地に送ろうとした。東條の逆鱗《げきりん》に触れたのだった。新名については海軍が召集することで、彼の命を助けている。

陸軍では新名を最前線に送り、戦死するように計画していた。新名の所属部隊長にはその旨が密かに伝えられていた。なんのことはない。東條ら陸軍指導者は戦場を処刑の場に使っていたのである。

前線で戦わされている兵士たちに対してなんと無礼なことか。そのことを東條は考えたこともないだろう。

逓信省の局長だった松前重義（東海大学創立者）も、専門分野で戦争遂行に批判的だという理由でやはり懲罰召集を受けている。東條らは、40代の松前だけを召集すると露骨だというので、全国の40代の似たような境遇の該当者も同時に召集した。一説では2000人ほどが召集されたという。ほとんどが南方の戦場に送られることになり、その大半は輸送船が沈められて戦死したといわれている。

こういうケースはさらにいくつかあると想像できる。戦時下とはいえ、なぜこのような理不尽なことが起こるのか。東條の側近に質したことがある。彼はこう答えた。

「東條さんは自分に反対することは、この聖戦に反対することだ、そんな連中は前線で苦労する必要があると考えていましたね」

この言葉に私は少なからず驚かされたのである。

(6) 日本人による「幻の東京裁判」

自主裁判構想に乗り出す

太平洋戦争の敗戦時の首相・鈴木貫太郎の後任は東久邇宮稔彦《なるひこ》王であった。近代日本の議会政治の上で皇族内閣が誕生したのは初めてのことであった。昭和天皇は敗戦という事態を混乱なしに乗り切るために前例を破って天皇の身内で内閣をつくり、国民に安心感を与えようとしたのであろう。

東久邇内閣に代わって登場したのが、幣原《しではら》喜重郎内閣であった。天皇は幣原に、この難局を乗り切ってほしいと命じ、幣原は当初は固辞していたが、結局は受け入れることになった。昭和20年10月9日のことである。

この内閣では、外相の吉田茂や司法相の岩田宙造は留任したが、内閣書記官長(今の官房長官)には次田大三郎が就任した。次田は就任にあたり、岩田からある事実を聞かされた。

東久邇内閣の時に、「戦争犯罪人を我国に於て裁判することには、お上の許しを得たるも、内閣更迭により其儘になりたり」(次田日記)と耳打ちされたのである。次田や幣原は驚く。確かに9月12日の閣議では、アメリカ側が戦犯裁判を行う前に日本で独自に裁判を行い、戦勝国の裁判を骨抜きにしようと話されていた。しかし、具体的に話が進んでいるわけではなかった。岩田司法相はそのことを告げ、自主裁判構想の具体化に乗り出そうと勧めたことになる。

このことには厚生大臣の芦田均も、そして吉田も熱心だった。戦前、戦時下に軍部に痛めつけられた文官や民間の有力者が、いかに憎悪感を持っていたかがわかる。書記官長の次田はもともとは内務官僚で、退官後は貴族院議員になっている。戦時下では親英米体質をあらわにして幣原内閣の擁立運動を起こした。

幣原内閣が成立し、GHQとの交渉が続く中で、次田と岩田が中心になり、「戦争責任者裁判ニ関スル緊急勅令案」を密かにまとめた節があった。11月7日ごろから法制局の官僚に作業に入らせている。次田が岩田から聞いてからほぼ3週間後の11月22日ごろまでにこの案をまとめたようだ。次田は吉田や芦田にも相談している。

そしてこの案を天皇の了解を得て、幣原内閣として11月27日から始まる第89臨時帝国議会に提案しようと考えていた。それまでは全く極秘裏に根回しが続けられていた。

12条からなるこの法案の第2条には「満州事変、支那事変、大東亜戦争ヲ不可避ナラシメタル者」や侵略的行動を指揮した者は死刑、または無期謹慎に処すとあった。

吉田茂の怒りがこもる「緊急勅令案」

日本側で独自に戦争責任者を裁くという「緊急勅令案」は、その前文で「民心を安定し国家秩序維持に必要なる国民道義を自主的に確立することを目的とする緊急勅令」（原文はカタカナだが、引用にあたっては平仮名とする）と謳っている。戦争責任者を裁くことで、国民道義の確立を優先するというのであった。

第1条は、この勅令案の狙いとするところだが、極めて明確に自主裁判の意義を説いている。まず天皇の輔翼《ほよく》の順逆を誤って、とんでもない道を進めせしめたというのであった。そして次のように続くのだ。

「主戦的　侵略的　軍国主義を以て政治行政及国民の風潮を指導し　又は指導を輔《たす》け　因《よ》りて　明治天皇の勅諭に背きて　軍閥政治を招来し　朋党比周以て之に與《く》みし　情を識りて之を助長支援し　以て満州事変　支那事変又は大東亜戦争を挑発誘導し　内外諸国民の生命財産を破壊し且国体を危殆に陥らしめたる者　施設又は社会組織に付之を処断し除却し又は解消せしむることを以て目的とす」

これが戦争責任者の裁判の目的だというのであった。ここにあるのは軍事指導者への怒り、不満、そして歴史を弄《もてあそ》んだ者への鋭い弾劾であった。軍事指導者を許さないといった感情が条文の背景に浮かんでいる。

私はこの案をまとめるのに主導的な役割を果たした文官の閣僚たち、次田大三郎、岩田宙造、吉田茂、芦田均らの心中にある深い怒りを読み取るべきであろうと思う。

むろんここにはアメリカ側の戦争裁判を意識して、日本側が独自に裁判を行うには相応の理由が必要だとの思惑もあるだろう。しかしそれを超えるほどの怒りをくみ取らなければ、この条文の本質は理解できない。

この条文で挙げられている裁かれる者は、第2条は主に軍人や政治家が対象である。そして第3条では軍閥政治に共鳴してその強化に努めた者、これを支援した者、さらに軍人政治家（多分これは昭和17年4月の翼賛選挙で当選した者を指すのだろうが）に呼応して戦争政策の宣伝に努めた者も「叛逆罪共犯として無期又は10年以下の謹慎に処す」とあった。

ではなぜこの勅令法案が潰れたのか、なぜ公開されなかったのか、その点への検証が必要である。

勅令法案が日の目を見なかったのは、主に2つの理由によると思われる。第1の理由は天皇が渋ったこと。具体的には「昨日までの臣下の者を裁くのは忍びない」と応じなかったためだ。第2はマッカーサーをはじめとしたアメリカ軍の東京裁判の関係者が東條英機をはじめ戦犯容疑者を次々と逮捕していて、日本側での裁判は被告なき裁判になる可能性があったこと。

書記官長の次田大三郎らは11月下旬には、天皇の了解を得た上で衆議院に提出する予定を中止せざるを得なかった。すでに11月に入ってからは、荒木貞夫などの軍事指導者がA級戦犯として逮捕されていた。その後も次々とかつての要人が逮捕されていく。つまり早く法案を通さなければ日本側の裁判など開けないという状態になったのであった。次田らが諦めたのは当然の成り行きだったのである。

「なぜ軍国主義に」――下村定・陸相の答弁

もう一つ裏話をすれば、この法案は閣僚たちに密かに回し読みされた節がある。陸相の下村定は一読して困惑し、これが法案化されないように望む意思をあらわにした。天皇のためらい、時間切れなどで法案化は無理とわかると、この条文自体が公開されるのは好ましくないとの意見も述べている。その代わりにと言うべきだろうが、下村は議会で意外な発言を行った。11月28日の衆議院で進歩党の斎藤隆夫が、陸軍大臣になぜ軍国主義になったのか、その説明をせよ、と詰め寄った。下村は壇上に登り、切々と訴えた。

「いわゆる軍国主義の発生につきましては、陸軍としては、陸軍内一部の者が軍人としての正しき物の考え方を誤ったこと、特に指導の地位にあります者のやり方が悪かったこと、これが根本であると信じます。（略）ある者は軍の力を背景とし、ある者は勢いに乗じまして、いわゆる独善的な横暴な処置を採った者があると信じます。殊《こと》に許すべからざることは、軍の不当なる政治関与であります」

下村は全面的に謝罪し、斎藤の指摘を受け入れることを誓った。こうした答弁を何度も下書きしてまとめたのである。私はこれらの資料を、下村の関係者から入手して読んだのだが、下村の演説は具体的な面もあり、議場は水を打ったように静まり返り、下村の声も震えていたというのだ。

下村は謝罪答弁の中で「陸軍の過去における欠点のために」と言った上で、「幾多戦没の英霊に対して深きご同情を賜わらんことを、この際切にお願い致します」と答えた。

下村自身が残したこの答弁に関するメモを読むと、文面は自身が考えたものであり、軍内の誰にも相談していないという。軍内の要人からは不満の声が寄せられたというのであった。

しかし壇上から見ていて、英霊に関する同情の部分では、すすり泣く議員の姿が見えたとも資料には書かれている。下村は、自身のメモの中では触れていないのだが、この謝罪は戦犯裁判を日本側で開くといった法案がとにかく立ち消えになり、世間にも漏らさぬよう他の閣僚に要求したことへの見返りというべき意味もあったように思える。重要なことは、陸軍大臣が国会で不当な政治介入について正式に謝罪し、戦争に至った道筋を謝罪していることである。もし自主的な戦犯裁判が行われていたら、このような弁明が行われていたと思われるのである。

50年後に発見された3枚の文書

私はこの下村答弁がどのような背景を持っているか、興味を持って調べてみたことがある。斎藤隆夫と下村の国会でのやりとりの4日前に、書記官長の次田大三郎は、斎藤の所属する進歩党の幹事長らと会っている。この時に斎藤の質問内容を確かめた上で、下村に謝罪の答弁をさせることで内々に話がついたのではなかったかと思われる。次田と下村の間では、法案を歴史上から消すことでの取引があったと考えられるのである。下村はそれに応じたといえるだろう。

その証拠に、これまで紹介した「戦争責任者裁判に関する緊急勅令案」の12条からなる内容は、関係者のあらゆる資料と回想録から消えている。この文書が発見されたのは敗戦から50年を迎えようとしていた時だ。「牧野伸顕関係文書」の中にガリ版刷り3枚がさりげなく紛れ込んでいたのである。これは娘婿である吉田茂が牧野に見せて相談したということであろう。その3枚だけは焼却されなかったのだ。

もしこの戦争責任者裁判が、日本側の手で行われていたらどうなっていたであろうか。私の予想では、戦勝国の手前、相当派手に弾劾が続いたと思われるのである。しかし、アメリカなどの目の届かないところでは、かなりルーズな裁判になる可能性があるとも思われるのだ。

A級戦犯7人の死刑が執行される数時間前の巣鴨プリズン＝昭和23（1948）年12月22日午後10時過ぎ、東京・豊島区

例を挙げれば、極東国際軍事裁判（東京裁判）では絞首刑になった者以外は終身禁固、あるいは有期刑を受け、巣鴨プリズン（拘置所）に服役することになった。ところが日本が独立を回復し、服役者の管理が日本側に移るや、服役者たちは勝手にプリズンを出て家に帰り、夜はまたプリズンに戻ってくるといった生活を平気で送るようになった。かつての部下がプリズンの管理をしていたのだから、戦犯者たちの中には平気で規則破りの脱走事件を繰り返す豪の者もいたと言われているほどだ。

さすがにアメリカ側の兵士の中からも「これでは戦争責任者の裁判を行った意義がない」と怒りの声があらわになったという。もちろん、アメリカの定めた枠の中で規則を忠実に守り、プリズンの中にいて外出もせずに、刑を当然と受け止めている者もいた。

要するに、A級戦犯裁判でも自らの裁判と忠実に受け止めて、正直に裁判長の言を守り、それを戦後社会の生きる知恵にしている人たちとて多かったのである。あえて付け加えれば、そういう人たちは「巣鴨プリズンにあって自らが人生勉強をした」と言ったりする。太平洋戦争開戦時に東條内閣の企画院総裁だった鈴木貞一は、極めて真面目に巣鴨プリズンで生活していたが、獄中でひたすら自らの道を反省していた。

こういういくつかの事例を集めると、もし日本が独自の裁判を行ったら、指導者たちの間には多くの困惑と相互不信が起こったように思える。だが日本の近代国家としての歩みは名実ともに、こういう時から始まったのでないか。

昭和天皇は理解を示しただろうか

もし日本側がこの戦争責任者裁判を実行するようなゆとりを持っていたら、戦後の日本社会は変わったであろう。かつて天皇の側近だった内大臣の木戸幸一は、このような裁判が行われたとすれば、それは共産主義者に利用されるだけだったろうと言っている。他にも人民裁判のようになったであろうとの声もあった。

書記官長の次田大三郎らが作成した「勅令案」の条文を見ていくと、第5条には「国民は百名以上の連名を以て之を検事長を通じて検事総長に告発する」とある。そして第6条でもそのことをさらに確認し、政治家については国民の誰もが100人以上になれば検事総長に告発できることになっている。

一読すると、確かに人民裁判のような危険性は抱え込んでいる。と同時に政府は、こうした被告たちによって反逆罪に該当しうる教育、宗教、経済のためにつくられた施設や組織を解散させられるとも規定されている（第9条）。国民が100人以上の連名で軍国主義的な施設解体などを要求できるとも明文化されている。

つまりこの条文は、戦時下にあって軍事政策や軍人集団とほとんど接触しなかった人々のみが、軍国主義的政策を批判できるという内容である。条文を作成した閣僚、法務官たちの心情がうかがえるのである。猛威を振るった軍事機構と軍人を徹底して排除しようと考えていたのであろう。

昭和天皇はこの段階（つまり昭和20年11月の段階だが）ではためらったが、のちに軍人たちにいかに騙されていたかを理解して、戦争に強い自省を持つようになった。天皇はこうした裁判にも理解を示したかもしれない。

第2部　歴史から問われる、大局観

何が悲劇をもたらしたのか

国家の指導者にとって重要なのは、物事を俯瞰《ふかん》して見ることができる「大局観」だろう。この感覚があってこそ、自らの言動や決定が将来どのような影響をもたらし、世の中がどのように変化していくのかを予測できる。国民のために最良の決断とは何かを把握できるのだ。日本の近現代の指導者は、果たして大局観を体得していただろうか——。

こうした観点から、3人の人物に注目してみたい。

開戦時に首相と陸軍大臣を務めた東條英機。

連合艦隊司令長官の山本五十六。

戦後、内閣総理大臣を務めた石橋湛山《たんざん》。

なぜこの3人を採り上げるか。彼らはいずれも明治17（1884）年生まれである。同じ時代の空気を吸い、同じ事象を見た人物である。それなのに3人の大局観は大きく違っているからである。石橋を中心に彼らの人生に触れておきたい。

東條は陸軍士官学校から陸軍大学校を卒業した。山本は海軍兵学校と海軍大学校で学び、駐在武官としてアメリカに赴任した経験を持つ。昭和9（1934）年の第2次ロンドン海軍軍縮会議には海軍側の首席代表として参加している。

石橋は日蓮宗の寺院の息子として生まれ、早稲田大学文学部で哲学を専攻した。毎日新聞（現在の毎日新聞とは別）に一時、身を置くが、その前半生は東洋経済新報社の記者として活動している。戦後は衆議院議員に転じた。大蔵大臣を務めたのち、昭和31（1956）年12月に首相に就任。翌32年2月、病気のため議会に出席できないからと、在任わずか65日で退陣した。石橋はかつて、暴漢に狙撃され療養中だった浜口雄幸首相に対し「辞職勧告」の社説を執筆したことがある。二十数年前の自らの主張の責任を取ったのである。早くから民主主義体制を提唱する論客、硬骨のジャーナリスト、リベラル派の政治家として知られる。

彼らは三者三様の人生のスタートを切った。東條は13歳から軍人に憧れ、陸軍の中で偉くなりたいと野心を抱いた。山本は船で世界を巡りたいとの希望を抱き、17歳で海軍兵学校に入った。一方、石橋は山梨県立尋常中学校（現・山梨県立甲府第一高等学校）に入学するも、卒業が2年遅れた。読書に明け暮れていたからだという。

東條、山本、石橋の中で確固とした大局観を身につけたのは、石橋だけだったのではないか。東條は海外情勢の分析に熱心でなく、国内の軍人の視線だけで世界を見ていた。山本は海外から日本を見る視点は持ち合わせていて、日米開戦に反対の姿勢を続けた。だが、やはり軍人の枠内での行動に留まってしまった。同情すべき点はあるとしても、あえて厳しい言い方をすれば、真珠湾攻撃を主導して日本を敗戦に向かわせる役を担った。

これに対して石橋は独自にケインズ理論を身につけ、経済専門家の立場から日本が国際社会を生きるには何が必要なのかを考え抜いた。結果的にたどり着いたのが、国民が平等で安心な生活を維持するためには軍国主義、帝国主義の道はとるべきではないとの思想であった。植民地政策を批判し、加工貿易立国論を唱えたのである。石橋は「一切を捨つるの覚悟」を持たなければならないと主張した。大正10(1921)年のことである。

日本は満州に食指を伸ばし、すでに朝鮮、台湾を支配下に置いていたが、それらを思い切って捨ててしまえというのである。石橋のこの提唱は「小日本主義」と呼ばれ、「満蒙放棄論」とも言われた。要するに植民地全面放棄論である。海外膨張主義、帝国主義への訣別を説いたとも言えるだろう。

結局、日本は満州国を手放すことができず、国際連盟を脱退して世界の孤児となったあとも石橋の言論の中心軸は揺るがない。石橋と東洋経済新報社は当局から厳しく弾圧されたが、そのなかで戦争の早期終結を説き、国の政策を批判する言論活動をやめなかった。のちに太平洋戦争の末期症状を見て、終戦工作に乗り出してもいる。

すでに述べたが、アメリカが中国からの撤兵を日本に求めたとき東條は、日清・日露戦争で10万の兵士の命の代償に獲得した土地を失うのは戦死者に申し訳ないと拒絶した。さらに犠牲者が増えるとの考えに目をつぶり、植民地支配の継続という落とし穴にはまってしまったのである。

「もしも」を言っても仕方がないことだが、日本政府と軍部がもう少し度量のある政策に転じていたなら、日本は追い詰められず、対米戦争という選択には至らなかっただろう。私が石橋こそが大局観の持ち主であると思うのはそうした理由からである。

昭和の軍人たちが冷静かつ客観的な思考法を持ちえなかった原因は、成績至上主義に尽きるだろう。目前の勉学に励み、優秀な成績で陸大などを卒業して、やがて軍隊という官僚組織で出世を目指す。指導者にも彼らに大局的な世界観を磨かせようとの発想はまったくなかった。

かくして頭脳明晰な卒業生が軍部を牛耳り、国家を動かした。彼らの多くが世界の動きを見極めることのできない「優秀な」官僚だったことが、この国の悲劇と言えるかもしれない。

第3章では、そのような軍事指導者の考えと行動を戦争の推移のなかで具体的に見ていくことにする。また第4章では、いまだ謎に包まれたままの事件の真相を、残された記録や肉声で明らかにしていきたい。

第3章　戦争に凝縮された日本的特質

（1）12月8日、勝利の祝宴

真珠湾攻撃からの5段階

太平洋戦争は昭和16（1941）年12月8日から20（1945）年8月15日まで続いた。もっとも、法的には9月2日に日本が降伏文書に調印してやっと終わったと言うことができる。ともかく3年8カ月が戦時という期間であった。

戦争といえども、毎日朝から夜まで戦闘が続いていたわけではない。日本軍とアメリカを中心とする連合国軍との国家的意思が衝突するときに戦闘が行われる。そういう戦いが3年8カ月の間にどれほどあったのか、それが太平洋戦争を分析するときの重要な視点である。真珠湾攻撃、マレー戦、あるいはガダルカナル戦などと地上戦、海戦を並べていくと、都合24～25回の戦いになるのではないか、というのが私の見立てである。この戦闘をひとつずつ解剖していくことで、戦争総体の結果がわかるという意味になる。

確かに緒戦の真珠湾攻撃やマレー沖海戦、珊瑚海海戦などの第1段階は日本軍の勝利という形になるが、ミッドウェー海戦からは少しずつ戦況が悪化していく。従って日本軍の敗戦への道筋は極めてわかりやすく、3年8カ月の流れは日を追って悪化していくということができる。この期間を私なりの見方で区切ってみると以下のようになる。

①勝利の時期――昭和16年12月8日から昭和17(1942)年5月まで
②挫折の時期――昭和17年6月から昭和18(1943)年4月まで
③崩壊の時期――昭和18年5月から昭和19(1944)年1月まで
④解体の時期――昭和19年2月から昭和20(1945)年2月まで
⑤降伏の時期――昭和20年3月から昭和20年8月まで

ほぼこの5段階を経て、日本は戦争に敗れたと言うことができる。この5段階の中に前述の24〜25の地上戦、海戦が含まれるわけだ。太平洋戦争を漠然と語っている限りではその内実が曖昧になっていくのだが、こうして細分化していくと戦争の実態がよく理解できるように思う。軍事指導者がいかに現実を無視していたかは、すでに②の挫折の時期の始まりであるミッドウェー海戦、ガダルカナル戦などで明らかになっている。アッツ島の玉砕は昭和18年5月なのだが、これ以後、12回ほど玉砕は続く。

この章では、この5段階の中のいくつかの戦闘を取り上げ、そこから浮かび上がる日本的な特徴を確認していきたい。この戦争でどのような失敗、成功の素顔を見せているのか、そのために折々の近現代史との対比を試みつつ考えていきたい。

第1段階の「勝利の時期」はどうだったのか――。

昭和16年12月8日の夜の首相官邸の食堂。東條首相と軍出身の閣僚、それに陸海軍の指導者、外務省の局長など20人ほどが中華料理のテーブルを囲んだ。この日早朝の真珠湾攻撃をはじめとして香港、マレーなどの作戦の全てがうまくいったのである。東條の他に嶋田海相、杉山参謀総長、永野軍令部総長を中心に、とにかく作戦の成功を祝おうというのであった。誰もが上機嫌であった。宴が進む中で、海軍出身の東條の秘書官である鹿岡《かのおか》円平が時折、部屋に入ってきて、海軍のこの日の戦果を報告していく。「本日の全作戦で我が艦艇の損害はありません」と報告すると、座は一斉に笑顔であふれた。

東條は機嫌が良かった。いや東條だけでなく、杉山も永野も杯を重ねた。東條の秘書官たちが記述した秘書官日記には東條の発言が克明に記録されている。

「戦況は全てお上にお伝えしなさい。ドイツやイタリアの大使にも伝えるといい」「（この日が戦争開始とはよく漏れませんでしたね、という言を受けて）東條内閣から最高の機密が漏

真珠湾で日本軍の攻撃を受け、黒煙を上げて沈む戦艦アリゾナ＝1941年12月７日（日本時間８日）

れるなんてあり得ない」と得意になった。確かに日本国内では漏れなかったが、アメリカの政権中枢には暗号電報が盗聴、解読されて手の内が読まれているなどとは予想もしていなかったのである。

しかし東條の得意げな発言の中で最も錯覚に満ちていたのは次の言であった。

「これでルーズベルトも失脚だな。アメリカ国民の士気は落ちてしまうだろうし」

東條はアメリカはそう遠くない時期に講和を言ってくるのではないかと考えていたのだ。同席のものが東條にへつらい、それを口にしている。

だが、ルーズベルトはこの攻撃を待ち受けていて、すぐにアメリカ国民に向けて日本と、次いでドイツとの戦争に入ることを伝えた。日本が開戦の通告も

なしに攻撃してきたことは、アメリカ国民の感情に火をつけた。「ダーティー・ジャップ」の声とともに、各地で義勇兵の参加者が列をなしたのである。

日露戦争の開戦時、宮中での祝宴の席で伊藤博文が「諸戦の勝利は喜ばしい。しかし私はグッド・ビギニングよりグッド・エンドを望む」と釘を刺したのとは対照的な祝宴であった。

「だまし討ち」を恐れた山本五十六

連合艦隊司令長官の山本五十六は、この日（12月8日）は旗艦・長門の長官室で参謀たちからの報告を聞く一方で、自らのこれからの身の処し方を考えていた。

真珠湾への先制攻撃自体は成功しているが、さらに再攻撃を行い、アメリカの太平洋艦隊にもっと致命的な打撃を与えようとの意見もあった。

攻撃部隊からの報告の戦果は大きいが、しかし全てを鵜呑みにはできないとの判断もあった。いわば司令官の大局的な戦略的判断を考えていた。

同時に山本は、この日の朝に覚悟を示すために遺書も書いていた。

かつて海軍次官時代に三国同盟に反対した折に、陸軍の意を受けた国粋団体が連日脅しまがいの威圧をかけてきた。死を覚悟した山本は、その時も遺書を書き残している。2度目の遺書であった。

その一節には「此の戦は未曾有の大戦にして　いろいろ曲折もあるべく　名を惜み己を潔くせむの私心ありては　とても此大任は成し遂げ得まじとよくよく覚悟せり」とあった。私心を捨て、「大君の御盾」に徹するというのであった（遺書については『山本五十六』半藤一利著からの引用）。

連合艦隊司令長官の山本五十六・海軍大将＝昭和16（1941）年ころ

己の身の処し方とともに山本が懸念していたのは、アメリカ側に最後通告の文書を渡すのが真珠湾攻撃の30分前になっているから、その通りに手際よく事前通告しているだろうな、という点にあった。具体的にいうと、ワシントンの日本大使館がアメリカ側に午後1時に最後通告（いわゆる国交断絶）の文書を渡す。そのほぼ30分後に山本の指揮下にある機動部隊が真珠湾を攻撃することになっていた。これだと通告なしの攻撃にはならない。

しかし何らかの手違いがあって真珠湾攻撃が通告なしになったなら、日本はだまし討ちをしたことになる。山本はそれを気にしていた。

そこで11月終わりに、海軍省軍務局で日米交渉を担当していた藤井茂が、連合艦隊の政務参謀として赴任してきたのだが、その藤井を長官室に呼びつけている。

「もしこの攻撃が通告なしの攻撃となったら、陛下にも国民にも申し訳が立たない」と尋ねた。この日、山本は藤井に何度も確認している。

そのたびに藤井は、「わかりました。よく調べます」と答えた。

しかし藤井は海軍省や外務省からは詳しい報告は受けていない。

大使館が混乱状態に陥った真相

ところがワシントン時間の12月7日午後1時の手渡すべき時間に、大使館内ではまだタイプ印刷を行っていたのである。

このタイプは一等書記官しか打ってはいけないと、本省は事前に打電していた。従ってタイプを打つのは一等書記官の奥村勝蔵であった。他の2人（寺崎英成、松平康東）はそれぞれ情報、法務担当で、これは日米交渉担当の奥村の役割であった。

本省からはワシントン時間で言えば6日午前6時半にこれ以後、重要な電報を送る、この文書は長文なので14回に分けて送ると連絡があり、この日の午後0時半までに13回分が送られてきた。そして重要な内容なので「機密漏洩防止ノ見地ヨリ覚書ノ作製ニタイピストヲ用ヒザルヤウ」と注意書きしてあった。

大使館は本来ならすぐに暗号解読して、覚書を書記官がタイプで打っておくべきであった。ところが電信課が暗号解読を終えていたにもかかわらず、奥村はタイプにしていなかった。

そして7日午前7時ごろに14回目の電報が送られてきた。日本大使館の電信課はすぐに暗号解読を行った。そこには「対米覚書7日午後1時ヲ期シ米側ニ（成ル可ク国務長官ニ）貴大使ヨリ直接手交アリ度シ」とあったのだ。これまでの13回分を野村吉三郎大使からハル国務長官に手渡せとの命令であった。

この電報で大使館の中は混乱状態になった。奥村が呼び出されて慌ててタイプを打ち始めたのであった。

これは当時の大使館内部の館員たちの証言だが、奥村のタイプはキーを探しながら一文字ずつ打つ、いわゆる雨だれ式の打ち方だったのである。

日本の通告はなぜ遅れたのか。真珠湾攻撃から50年を経た平成3（1991）年に、私は取材スタッフとともに存命している館員たちをくまなくあたってその真相を確かめた。

伏せられていたいくつかの事実が明らかになった。そこには松岡洋右・前外相の人事への不満から、孤立する野村大使（海軍出身）を支えた民間人の秘書、書記官同士の対立感情など多くの問題が隠されていたのである。

松岡洋右が外相に就任したのは、昭和15（1940）年7月の第2次近衛内閣である。青年期に外務省に席を置いたことがあるとはいえ、この外相就任は「よそ者が来た」と省内では受け止められた。

松岡は人事を自らに都合の良いように動かした。駐米大使に海軍出身の野村吉三郎、駐ソ大使に陸軍軍人の建川美次《よしつぐ》、駐独大使に駐在武官だった大島浩という具合である。軍部に諂《へつら》う人事でもあった。野村は駐米大使館で書記官たちから全く協力を得られなかった。そのため海軍の駐在武官である横山一郎や実松譲らの部屋を訪ねては愚痴をこぼしていた。野村は自在に使いこなせる秘書がいないため個人秘書を雇っていた。それがロサンゼルスのカレッジを卒業して間もない2世の煙石学《えんせきまなぶ》であった。煙石は、野村が国務省を訪ねる時はいつもハル国務長官の秘書に訪問する時間を伝え、了承を取っていた。

ハルはいかにも不機嫌そうに顔を歪めた

この日（12月7日）もまず午後1時のアポイントを取った。しかし奥村のタイプは打ち上がらない。一等書記官だけが打て、という本省の命令では、とても間に合わない。煙石や他の館員も手伝って打った。煙石は、午後1時の約束が遅れるのでずらしてほしいと、ハルの秘書に連絡する。結局2時にしてもらい、野村と来栖は打ち上がったタイプ文書を持って国務省に駆けつけた。2時を少し過ぎていた。2人はしばらく待たされた。この時、2人は日本海軍が真珠湾を攻撃していることをまだ知らなかったのである。

ハルは2人に会うといかにも不機嫌そうに顔を歪め、野村が手渡したタイプ文書に目を走らせた。ハルは2人の持ってきた文書の内容を先述した「マジック」によってすでに知っていたので、いかに知らぬ顔をするかの演技をするのが大変だったと書き残している。

ハルは「私の外交官生活でこんな恥知らずの文書に触れたのは初めてだ」と2人に告げ、外交関係を断絶するというのが長い文書の結論であった。

野村と来栖は大使館に戻って初めて真珠湾攻撃を知った。アメリカ側が臨時ニュースで真珠湾攻撃を伝えるや、日本大使館前には群衆が殺到した。彼らは門扉をゆすり、「トレチャラス・アタック（だまし討ち）」と叫んだ。館員たちは初めて恐怖を味わった。

ルーズベルト大統領の議会演説やメディアの報道が「だまし討ち」と繰り返しているのを、山本五十六は傍受放送で知った。真珠湾攻撃からそれほど日を置かずして、彼らの言い分が事実だと確信した。「これでは日本海軍の名が廃る」と周辺の参謀たちに漏らしている。

令和の今なお「リメンバー・パールハーバー」

通告なしに軍事攻撃を行ったことで結果的に日本の立場は著しく弱まった。この不始末はアメリカ側に徹底的に利用された。「リメンバー・パールハーバー（真珠湾を忘れるな）」が合言葉になり、それは現在まで続いている。コロナ禍を真珠湾攻撃に例えたアメリカ政府の関係者がいるように、80年近くも前のことなのに今も国民統合の折にはこの合言葉が用いられているのである。

付け加えておけば、東京裁判でもこの布告なき戦争は、検事団によって法廷に持ち出された。しかし当時の政府が攻撃前に通告をする予定であったことを弁護団が反証し、それが実証されたため現地のワシントン大使館の手落ちということになり、訴因から外された。ワシントンの駐米大使館の責任は重い。もっとも、本省の電報の打ち方にも問題があり、戦争に傾く状況を説明していないため、大使館側が日常業務並みに受け止めた節もあった。

なぜ遅れたのか――。史実が浮かび上がらせている問題点（5点）をわかりやすく列記しておこう。

①駐米大使館に日本人タイピストがいなかった。
②書記官の間の連携が極めて悪かった。
③電信課の暗号解読機が1台しかなく、作業が手間取った。
④12月6日は土曜日で館員の送別会などがあり、業務が止まっていた。

すぐにこれらの事実が挙げられる。

私は当時の館員たちの話を聞いて、全体に日本の政治、軍事指導者たちの危機感が全く伝わっていなかったことに愕然とした。それが最も大きな理由だとも言えた。①について言えば、タイピストは男性1人、女性1人がいたが、いずれもアメリカ人で人材派遣会社から送られてきた。日米の間では大使館は相互に一定の人数だけ現地の人を雇うことになっていた。日本側はタイピストを、アメリカの駐日大使館は厨房関係者を雇ったというのである。

駐米大使館の館員たちの証言では、重要な文書はアメリカ人には打たせなかったという。しかしウィルソンと名乗る男性タイピストはハル・ノートが届いた日に辞めている。私の質問（「彼は情報機関の人物ではなかったか?」）に、ある館員は否定も肯定もできないと答えた。私は当時のワシントンの人材派遣会社の名簿を探して確かめたかったが、その時点ではすでに入手は困難であった。

「イエスかノーか」、山下奉文の遺言は？

「勝利」の期間の軍事行動にも触れておこう。陸軍のマレー上陸作戦を主導したのは山下奉文《ともゆき》を司令官とする第25軍で、その隷下には第5師団、第18師団、それに近衛師団などが加わっていた。シンガポールを陥落せしめるのが目的であった。マレー半島沿いに地上戦をもって、イギリス軍の堅塁を破りつつ素早い行動でシンガポールを目指した。

とはいえマレー半島の最南端にあるジョホール州に入ると、イギリス軍の抵抗もより激しくなっていく。昭和17年2月8日からシンガポール島を目指して陸上、航空の両面で総攻撃を開始した。2月11日の紀元節までに陥落させようとの意図を含んでいた。マレー半島とシンガポールを隔てたジョホール水道をいかに渡るかが鍵であった。工兵隊の活躍などで第18師団、第5師団もイギリス軍の凄まじい砲撃を縫って、とにかく上陸に成功している。

イギリス軍も拠点死守の戦略で激戦が続いた。日本の両師団にも死者が続出した。次第に市街戦の様相を呈し始めた。目標の11日は無理であったが、結局、15日になってマレー軍総司令官のアーサー・パーシバルが参謀3人と通訳を伴って第25軍司令部に降伏してきた。イギリスのアジア支配の中枢はこうして瓦解した。イギリス本土でもチャーチル首相をはじめ政治・軍事の指導者は強い衝撃を受けている。

降伏会談での山下奉文中将（向こう側前列左から２人目）とパーシバル中将（手前中央）＝昭和17（1942）年２月15日、シンガポール

山下とパーシバルの降伏会談は、ブキテマ近くのフォード自動車工場で行われた。この時の1時間ほどの会談は、山下がパーシバルに「（無条件降伏を）受け入れるか、否か」と詰め寄ったとして有名になった。「イエスかノーか」という語が歴史上では喧伝されている。しかしこの場に同席していた第25軍の参謀たちに話を聞くと、事実はそうではなかった。

パーシバルは、イギリス軍の１５００人を武装させておいてほしい、シンガポールにはイギリス人も多いし、彼らの生命も守らなければならないので、と要求した。山下は拒んだ。パーシバルは再三にわたって要求したが、山下はそれを拒否したというのである。

はじめは中国人の医学生が通訳していたが、日本語が下手なので参謀の杉田一次《いちじ》（元イギリス駐在武官）が通訳に代わった。その杉田が昭和50年代に私への直話で、山下は「イエスかノーか」と迫ったという巷説を必ず否定しておいてほしいと遺言したと語っていた。山下は敗戦後、マニラの軍事裁判で死刑判決を受け、昭和21年2月に執行されている。

ともあれ、この時期、指導者は緒戦の戦果に気を良くしておごり高ぶり、国民はひたすら歓呼の声を上げるだけだった。「勝利」の期間が続くと信じ切っていたのだ。

日本本土で初めての爆撃被害

開戦から4カ月後、昭和17年4月18日のことだが、日本社会は初めて戦争の現実に触れることになった。アメリカ軍の決死隊によって、東京を中心とする一帯が爆撃を受けたのである。日本本土にアメリカ軍の飛行機が爆撃に飛来するとは軍事指導者の誰もが想像もしていなかった。

アメリカ海軍の空母ホーネットからジミー・ドーリットル陸軍中佐の指揮のもと、中型爆撃機B25が900キロ離れた東京を目指して飛び立った。16機、80人の搭乗員であった。真珠湾攻撃を受けてから負け戦が続くなかで、日本国民に冷水を浴びせるとともに、アメリカ国民の士気を鼓舞する必要もあったのだ。

この日の正午近くに日本本土に接近し、13機は東京を中心に川崎、横須賀などに爆弾を落とした。3機は名古屋、神戸などを攻撃した。

16機は攻撃の後、中国・浙江省の奥地に予定通り向かっている。日本側から有効な反撃は受けていなかった。しかし中国で撃墜されたり、ウラジオストクに不時着したりと、搭乗員8人が日本軍の捕虜になっている。事故死した搭乗員もいたが、作戦自体は成功とドーリットルも自賛している。彼は新聞記者の取材に「日本上空では激しい対空砲火も受けたが、届いたのは一発だけだった。地形が許す限り低空飛行を続け、攻撃を行った」と語り、日本の軍事力の実態もある程度理解できたとの認識を証言している。

一方、日本側の衝撃は大きかった。東條首相はこの日は水戸に視察に赴いていたが、第1報を聞くやすぐに東京に戻り、天皇の前に進み出て被害は大きくない、アメリカ軍の自暴自棄の作戦です、と事態を軽視する発言を繰り返した。実際、首都防衛の東部軍司令部は「敵機9機を撃墜、我軍の損害軽微」と発表した。1機も撃墜していないのに「9機」との発表に関係者の間では密かに「9機ではなく空気だろう」との陰口が囁かれた。

大本営発表は、ドーリットル爆撃による損害（死者約90人、家屋290戸など）に触れることなく、「我が反撃を恐れあえて帝国本土に近接することなく退却せり」と言い、「各地の損害はいずれも極めて軽微なり」と国民に伝えている。全くのデタラメであった。これを機に大本営発表は平気で虚言を並べることになる。

帝都爆撃は作戦面にも影響を与えた。アメリカ海軍の太平洋艦隊と決戦を行うべきとの、連合艦隊司令長官・山本五十六らの考えるミッドウェー海戦が前面に出てくるのであった。

(2) 敗北の始まり——ミッドウェーと山本五十六の運命

決められていなかった次の作戦

第2段階は「挫折」である。この期間は昭和17(1942)年6月のミッドウェー海戦から、翌18年4月の山本五十六の戦死までを指している。緒戦の勝利が挫折へと転じていく期間だ。ありていに言えば、アメリカが戦時体制に移行し、アメリカ国民がますます戦意を高揚させていく期間と言ってもいいであろう。3年8カ月のうちの初めの半年は良かったが、それ以後は敗北の歴史に変わったということだ。

この挫折の期間にはミッドウェー海戦の他に、ガダルカナル戦、第1次ソロモン海戦、ルンガ沖夜戦、ニューギニアの戦闘などがある。地上戦、海戦を合わせて6~7回の戦闘があった。それらの戦闘の全てが日本軍の敗北というわけではないが、全体で見ればミッドウェー海戦とガダルカナル戦に象徴されるように、日本は情報と物量とで敗れたという形になった。この期間の史実の中から、やはりいくつか取り出して確認していきたい。

実は大本営海軍部、つまり軍令部は真珠湾攻撃に続く作戦計画を具体的には決めていなかった。いわば戦略の連続性については不明確だったのである。連合艦隊航空参謀の奥宮正武と飛行隊長だった淵田美津雄の共著『ミッドウェー』（昭和26年刊）によると、真珠湾攻撃の後の作戦の方向は3つに絞られていたという。

①東太平洋でのアメリカの太平洋艦隊との決戦
②インド洋に出て、いずれペルシャ湾に出てくるドイツ軍との提携
③ソロモン群島から南方に出てアメリカとオーストラリアの交通線を遮断

この3点が連合艦隊の参謀や軍令部の作戦課などによって考えられていた。連合艦隊側は①と②を、そして軍令部は③を想定していた。ちなみに陸軍参謀本部は海軍のこうした案に対して、例えば③ではオーストラリア攻略に10個師団以上を必要とすることもあり、消極的であった。

こうした時にドーリットル隊の帝都爆撃があったのだ。連合艦隊司令長官の山本五十六

は、洋上のアメリカ艦隊の動きに反応できず迎撃できなかったことに責任を感じた。山本は①に基づく戦略を練るよう命じた。その案は4月末には山本の机に届けられた。

山本に示された作戦計画は、連合艦隊の首席参謀である黒島亀人《かめと》が中心になり、参謀総員でまとめられた。いわば山本の子飼いの参謀たちの戦略とも言えた。作戦計画の骨子は、第1にミッドウェー島を攻撃して占領し、第2にアメリカ艦隊との決戦を行うこと。この2つがうまくいけば、再度ハワイを攻撃するとの腹案を山本は温めていたというのであった。短期決戦を企図しているが故の軍事作戦でもあった。

ミッドウェー作戦はアメリカに読まれていた

これに対して軍令部の参謀は、ミッドウェー作戦そのものはなんとか認めても占領には消極的であった。占領維持などできないとの主張である。しかし山本とその参謀たちは占領を譲らない。そこで軍令部の意向も入れて、アリューシャン方面の作戦も同時に行うことになった。いわばミッドウェー作戦の牽制でもあった。この2つの作戦は昭和17（1942）年6月7日に始まることになった。

前述した奥宮正武、淵田美津雄の『ミッドウェー』によれば、この作戦は「参加艦艇350隻、150万トン、飛行機1000機、将兵10万人。これはついに絶後の計画でもあった。その使用燃料、従って航続距離は、平時のわが艦隊一年分以上」に及ぶ国力を懸けた戦いだった。

これだけの動員をかけて行う作戦であったが、参加する艦隊の司令部の中には具体的な例を挙げて失敗の恐れを説く者もいた。しかし山本はこの方針でいくと譲らなかった。

山本にすれば、参謀たちの練った作戦には自らの意図が盛り込まれていたので譲れなかった。しかし、実はアメリカ海軍はこのミッドウェー作戦の全容を知っていたのである。彼らは日本海軍の暗号を解読していたとされている。初めはミッドウェー島が暗号名で不明なため、アメリカの無線は「ミッドウェー島には真水が不足している」との無線連絡をハワイとの間で試みた。日本側が傍受していることを見越して探りを入れたのだ。すると日本側の上陸部隊と連合艦隊の間で「ミッドウェー島には水が不足している、十分用意するように」との暗号通信が交わされていることを知った。

アメリカ太平洋艦隊司令長官のチェスター・ニミッツはこの島を視察して、日本軍が上陸してきた時に備えての防備態勢を敷いた。そしてこの基地に爆撃機を置き、周辺海域に潜水艦を配置するなどの守りを固めた。

7日、海戦は始まった。その前段階として、南雲忠一中将率いる南雲部隊はミッドウェー島爆撃を企図して、第1次攻撃隊が空母飛龍や蒼龍、赤城、加賀から飛び立った。水平爆撃機、艦上攻撃機72機と援護する36機の編隊であった。5日午前1時過ぎである。しかし発進直後から密かにアメリカの飛行艇の追尾を受けていたのである。

ミッドウェー海戦時の日本とアメリカの海軍の質と量を比較すると、圧倒的に日本が優勢であった。日本の機動部隊に対し、アメリカ海軍は空母「エンタープライズ」「ホーネット」の2艦を中心とする戦力であった。

搭乗員にしても日本はベテランのパイロットが中心で、アメリカ軍のパイロットは戦闘経験もなく、空母から飛び立ったことのないパイロットさえもいたというのである。それなのに日本が敗れたのは何度か繰り返したように情報力の差であり、全体におごっていたというのが真相である。どういう点がということになるのだが、それを確認するためにもミッドウェー島の攻撃に赴いた第1次攻撃隊のところから記述していく必要がある。

陸上攻撃に変更中、「敵艦見ゆ！」

友永丈市大尉の率いる第1次攻撃隊は、ミッドウェー上空に差し掛かった時に、待ち伏せしていたアメリカ軍の戦闘機と交戦状態になった。アメリカ軍は26機で、日本の70機余との戦いになったのである。アメリカの攻撃機は日本軍パイロットの不意をついた形になったが、戦闘は1時間も経ずして日本側の勝利という形になった。アメリカ軍26機のうち

14機を撃墜したというのである。逆に日本側は不利な状況にもかかわらず、損害はほとんどなかった。しかし、ミッドウェーの基地には敵の飛行機は一機もいなかった。日本の攻撃を知っていたので全てを撤退させていたのである。

そこで友永は、南雲司令部に「第2次攻撃の要あり」と午前4時に打電している。友永にすれば基地を叩き、アメリカ軍の攻撃機を撃つにはミッドウェー島を執拗に叩かなければならないと判断したのであった。

一方で南雲司令部は、第1次攻撃隊が発艦したのと同じころにアメリカ軍の艦隊を発見するために、索敵機7機を飛ばすことになっていた。ところが索敵機の発艦が30分も遅れたり、気候の関係で雲上を飛んだりしてアメリカ軍の艦隊をなかなか発見できなかった。そういう折に友永の電報が入ったのである。そこで南雲は艦隊攻撃の兵装を急遽、陸上攻撃用に変えるように命じた。千早正隆編の『ミッドウェーの決断』には次のようにある。

「飛行甲板に並べてあった雷撃機と爆撃機は、次々に格納庫に降ろされ、魚雷を陸用爆弾に、艦艇用爆弾を陸上攻撃用のものに積み替え始めた」

2時間をかけてこの作業を終えた。その作業の終わるころ、索敵機が「敵艦10隻見ゆ」と打電してきた。

さらに敵艦10隻の後ろに空母がいる、というのであった。つまりアメリカ海軍の主力が、日本の空母が来るのを待ち伏せしていることが明らかになったのだ。

今度は一転して、また陸用爆弾を魚雷に戻すという作業に入った。

4隻の空母では兵員が混乱状態で作業を進めた。むろんこれには司令官の南雲忠一の判断ミスが問われるのだが、しかしここにはいくつもの不運が重なっていた。連合艦隊参謀などを務めた千早正隆は「これは軍神マースに見放された」という言い方をしている。マースは古代ローマの軍神のことである。確かにその通りだった。

もろもろの事情があるのだが、南雲司令部は「艦上爆撃機は第二次攻撃に備えよ。250キロ爆弾装備とせよ」(『ミッドウェーの決断』)との指令を発したのである。そこには索敵機を帰還させた後で、アメリカ軍との艦隊決戦に挑もうとの意図も含まれていた。

この時兵装の再転換を終えた艦爆機だけでもとにかく発艦させて、アメリカ軍との艦隊決戦を挑もうとの戦術も可能だった。しかし南雲は護衛なしの艦爆機がいかにもろいかを知っていたので、この策は取らなかったといわれている。

「運命の5分間」で地獄と化した日本空母

体調を崩して空母「赤城」で体を休めていたパイロットの淵田美津雄は、戦後の手記で南雲の判断について、「兵は拙速を尊ぶ。(略)最善でなくても次善で間に合わせるべき」

と批判している。そして、「運命の5分間」という表現で敗戦への道を語っている。

「運命の5分間」とは何か――。

南雲艦隊の空母4隻が、アメリカ軍の艦隊への攻撃からミッドウェー基地攻撃へ、そして再び艦隊攻撃へと兵装を戻す作業が、「赤城」の場合はあと5分もすれば終わるはずだった。だが、その間にアメリカ軍の急降下爆撃を受けたという事実を指している。各空母は最初の転換とともにミッドウェー基地攻撃に赴いていた第1次攻撃隊の着艦も進めていた。そして2回目の転換であった。この転換を終えて発艦するまでアメリカ軍の攻撃機が現れないように、というのが南雲司令部の参謀たちの共通の願いであった。

もしこの攻撃で1弾でも飛行甲板に命中すれば、攻撃機は発艦できなくなる。それだけではない。「ガソリン・爆弾を満載した攻撃機に命中すれば、次から次へと誘爆して大惨事となる」(『ミッドウェーの決断』)と千早は書いている。まさに南雲司令部にとっては、「最も危険な時間帯」だったのである。しかし軍神マースは日本軍にではなく、アメリカ軍に味方したのであった。どういう形で日本は見放されたのか。

昭和17年6月5日午前9時55分(日本時間。千早の記述は日本時間だが、淵田美津雄の記述はアメリカ時間。以下、全て日本時間)、アメリカ軍の「エンタープライズ」から発艦していた急降下爆撃隊は南雲艦隊を発見した。空母4隻が四方形の形で進んでいた。30機の急降下爆撃機は一本の棒のように並んで「加賀」に爆弾の雨を降らせた。何発かが発艦を待っていた攻撃機に命中した。加賀の甲板は燃え上がり、格納庫も被弾したため瞬く間に全艦がボイラーのようになった。千早は書いている。

「(加賀は)電力も動力も途絶え、消火の手段もなく、ひたすら〝燃えさかる地獄〟と化した。被弾してからわずか数分間の出来事であった」(『ミッドウェーの決断』)

アメリカ軍の「ヨークタウン」からの艦爆機も南雲艦隊の上空に達し、攻撃に参加している。「赤城」「蒼龍」も加賀と同様に「燃えさかる地獄」となった。どの艦も午前10時24分から数分間で火のかたまりになったのである。赤城に乗っていた淵田の回想記は、初め赤城攻撃は3機だったが、2弾が命中したという。この程度で南雲艦隊の母艦はひるむものではない。しかし甲板は発艦5分前の攻撃機で埋まっている。それが次々に誘爆を起こす。「数十個の爆弾が命中したと同じである。かくて、ドカン! ドカン! と自らの手で葬送曲を奏し始めた」と淵田は書いた。

雷撃用に兵装を変えていたので、高度を下げて飛ばざるを得なかった日本の戦闘機は応戦できず、各艦からの砲火も使えず、日本の空母は次々と火災と誘爆を起こして戦闘は不可能になった。

こうして空母は事実上、壊滅状態になった。「飛龍」がとどめを刺され、やがて先に被弾していた「赤城」「蒼龍」「加賀」も一斉に戦闘不能状態になった。「蒼龍」が沈み、「加賀」が沈み、やがて満身創痍となった「赤城」も山本五十六が撃沈を決断し、味方の駆逐艦の雷撃によって海中に没した。「飛竜」も味方の魚雷で沈んだ（『ミッドウェーの決断』）。

この4隻の沈没で、日本海軍の戦争勝利へのプログラムは一気に瓦解の方向に向かうことになった。

大敗を「転進」でごまかす

「挫折」の期間でのつまずきの第一歩はミッドウェー海戦であり、続いての負け戦は昭和17年8月からのガダルカナル戦であった。

ガダルカナルの戦いは、太平洋戦争の開始から8カ月ほど後のことだった。日本軍はすでにこの段階で、アメリカ軍との物量の差を見せつけられていた。従って3年8カ月にわたって続いたこの戦争の残り3年は、一つひとつの戦争がより手酷い打撃を受けるといった状態だったのである。

ガダルカナルの師団司令部からは、補給（食糧）を要求する電報が、連日大本営に届く。しかし大本営は制海権を握られていて、支援の態勢が取れない。かろうじて生き残っている兵士は飢えと闘い、ほとんど骸骨のような状態であった。最終的にこの島の戦死者は約

2万1000人であったが、そのうちの約1万5000人は餓死であった。ガダルカナル島を「餓島」と言い換える所以である。

むろん、こうした数字は一般には公表されていない。勝ち戦などではまったくないにもかかわらず、この戦闘を国民に伝えた「大本営発表」（昭和18年2月9日）は、「敵軍を同島の一角に圧迫し、激戦敢闘よく敵戦力を撃砕しつつありしが、その目的を達成するにより（略）他に転進せしめたり」と、勝利にすり替えている。我が方の損害は人員1万7000人弱で、「敵に与えたる損害」は2万5000人以上というのである。しかも「転進」との語で事実を隠蔽したのだ。

日本軍は、アメリカ側の戦艦、大型巡洋艦などを撃破、沈没せしめたと発表したが、その数字も全くのでたらめであった。発表では巡洋艦は9隻を撃沈、撃破したとされるが、現実は1隻にも被害を与えてはいなかった。

もし大本営発表が正しければ、ガダルカナルへの補給は充分に行われたはずである。制海権を奪われていないのに、2万余の兵士たちに補給が行われなかったことの説明がつかない。大本営は兵士たちを見殺しにしたことになる。

太平洋戦争の最大の問題点は、軍官僚が自らの存在を示すための戦争を行い、たとえ兵士たちが戦略の失敗で亡くなろうと、それを隠蔽し、偽りの発表で自分たちの責任を回避したということであった。軍人が戦争をしたのではない。軍官僚が自分たちの手柄にするための戦争であった。

なぜ大本営発表は偽りだらけだったか。元海軍の軍官僚が戦後、小声で教えてくれた。

「金鵄《きんし》勲章のためだよ。1隻でも戦艦を撃沈すると勲章をもらえるけれど、輸送船は何隻も沈めなければもらえないからね」

山本機は、なぜあっけなく撃墜されたか？

連合艦隊司令長官の山本五十六が戦死したのは昭和18年4月18日であった。ちょうど1年前はドーリットル隊による東京爆撃のあった日だった。山本がその1年後に戦死するとは誰も予想しなかったであろう。山本の死によって、日本の太平洋戦争の象徴である人物が歴史の舞台から消えていくことになったのである。

山本はこの日の朝、前線を視察するとの名目で一式陸上攻撃機でラバウルを飛び立った。山本の乗った1号機と参謀長の宇垣纏《まとめ》の乗る2号機とが護衛機に守られての視察だった。ところがブーゲンビル島の上空で待機していたアメリカ軍の一団から攻撃を受けた。1号機は狙い撃ちされ、瞬く間にジャングルの中に墜落していった。2号機は海岸線に不時着している。

なぜ、山本機はこれほどあっけなく撃墜されたのか。海軍の暗号電報がアメリカ側に傍受・解読されていたからである。アメリカ軍の太平洋艦隊は、山本の日程を詳細に摑んでいた。

艦隊司令部はワシントンの海軍省に「山本を撃つが、もし彼以上の有能な司令官がいるならやめたい、もっと厄介になるから」と問い合わせている。海軍省は、一人だけ山口多聞という優れた軍人がいたが、ミッドウェー海戦で死んでいる、だから撃墜せよと命じた。実際、山本機はアメリカ軍のパイロットたちが「七面鳥を落とした」と噂するほどあっけなく撃墜されたのだ。

ガダルカナルの敗戦、その後の南東方面作戦でもダンピール海峡での輸送船の撃沈など日本側に朗報はなかった。そこで山本らの連合艦隊司令部は、航空母艦の搭載機を南東方面の基地に置き、そこからソロモン群島やニューギニア方面のアメリカ軍を叩くという戦略（い号作戦）に変えた。山本はラバウルで指揮を執っていたが、これ以降の作戦のために前線の航空兵力を激励したかったのである。

それにしても最高指揮官が前線に赴くことは非常識だとの声があった。山本にその意を伝える参謀もいた。しかし山本は、全く耳を傾けなかった。山本の心中は、結局は後世の私たちに解釈が委ねられているとも言える。その本意は、死を意識していたとの見方もあるし、戦況の前途に絶望を感じていたとの論もある。山本の最期の状況とその後には大きな謎が秘められているのだが、その詳細は第4章で改めて述べる。

（3）軍事指導者の歪み

アッツ島に出された初めての玉砕命令

連合艦隊司令長官の山本五十六が亡くなってからおよそ9ヵ月後の昭和19年1月から2月ごろまでが、第3期の「崩壊」の時期である。この時期は日本に戦勝の機会がないどころか、戦争継続さえも危ぶまれる状況だったのだ。この間を検証することは日本の指導者論、さらには近代日本がなぜ有能な指導者を選べないのかというテーマにもぶつかってしまうのである。

この間の戦闘は、日本が戦争に向いていない国民性を持っているのではないかとみることができる。確かに江戸時代270年近く、国家として対外戦争を体験していない。それが明治以後、ほぼ10年おきに戦争を続けた。そこに軍事指導者の歪みが生まれた。他国からみれば考えられない戦争の形を演じてしまったと言えるように思う。その特異性が如実に表れたのがアッツ島の玉砕である。

アッツ島はアリューシャン列島の島の一つだが、アメリカのアラスカ州に組み込まれている。住んでいるのは現地住民が50人たらず、気象関係者が数人という島で、年間を通じて天候が快晴になることはなく、気温は夏でも10度前後であり、霧がかかっているような状態だという。

この島に日本軍が上陸したのは昭和17年6月8日である。海軍の軍令部はミッドウェー作戦を連合艦隊に認めさせる代わりに、アリューシャン作戦と名づけてアッツ島とキスカ島に日本兵を上陸させたのであった。

両島の上陸はさしあたりはアメリカとソ連の連絡線を断つことと、将来これらの地から日本爆撃があるかもしれないと懸念されたからだった。だが両島とも飛行場の建設などが地質上まったく無理なことがわかった。結局、札幌に北部軍（司令官は樋口季一郎）を置き、アッツ島防備には山崎保代大佐を隊長とする２５００人の陸軍兵士と、海軍根拠地隊の約１００人がついた。

このアッツ島にアメリカ軍が上陸してきたのは昭和18年5月12日であった。第7師団の1万２０００人である。航空母艦1隻、戦艦3隻、駆逐艦7隻での艦砲射撃の後に兵士たちは重装備での上陸であった。山崎隊は山岳に入っての戦いになった。

山崎部隊から援軍の要請が入る。大本営は一度はアッツ島への再上陸を考えて作戦を練った。しかし陸海軍とも北方に回す戦力の余裕はない。結局、大本営はアッツ島の放棄と撤収を決めた。ガダルカナルの二の舞いを避けたのだ。

大本営は、残存兵力で最後まで戦えという電文を山崎部隊に発した。太平洋戦争での初めての玉砕命令であった。

アッツ島の守備隊2600人余の日本兵は、1万2000人のアメリカ軍兵士を相手によく戦ったと言えるだろう。戦闘はほぼ19日間にわたって続き、日本軍はいわば精も根も尽き果てた状態になった。食糧も弾薬も尽きていく。山崎部隊が見捨てられた状態になったのは、アメリカ軍が上陸して10日目（5月21日）であった。

12日目、13日目となると戦闘は悲惨になる。例えば南海岸での戦いでは、アメリカ軍はあらゆる火器で攻撃したという。200人で守る日本兵の陣地に5万発の銃弾が浴びせられた。アメリカ軍の戦闘詳報には「日本軍将校が15人の兵を連れ、叫びながら襲いかかって来た。『全くの地獄』で手榴弾が破裂し、銃剣がきらめき、機関銃が鳴った」（『アッツ島玉砕〈十九日間の戦闘記録〉』西島照男著）といったような記述が目立つという。食糧、弾薬もなく日本刀でアメリカ軍の兵士に向かってくる者もいたというのであった。

アメリカ兵のほとんどは日本兵を別世界の「怪物」と思っていて、ガラガラ蛇に向かうような不気味さを感じていた。日本兵にとってもアメリカ兵はやはり「怪物」で、捕虜になると殺されると思っていたようだと、アメリカ軍の将校はのちに書き、その誤解が解けると捕虜として従順で、真面目、正直に何でも話す性格だと気がついたというのである。

アメリカ軍の上陸から18日目、5月29日。この日まで6日間、激戦の連続であった。日本軍兵士の食料も武器弾薬ももう限界であった。日本軍の陣地は全て制圧されている。アメリカ軍に追い詰められた山崎部隊の存命兵士は断崖まで追い詰められた。残っている兵士は重傷者などを入れても300人ほどであった。

そういう兵士たちに向けて飛行機から投降を促すビラが撒かれた。何種類ものビラの中には「米国軍司令官」の名において「米軍は俘虜を優遇する。俘虜の待遇に関する国際条約の締約国として、米国は字義通りそれを遵奉し、その待遇は米国兵士に対するものと殆んど変らない」(前掲『アッツ島玉砕』)とあり、国際条約の条文が説明されている。つまり日本軍兵士を縛り付けている「戦陣訓」は国際法に反していると教えているのだ。

こういうビラの作成には、すでに捕虜となった日本軍の人物が協力していることも容易にわかる。このビラを持って投降した兵士がどれほどいたのか、かつて私は捕虜体験を持つ兵士にその実態を確かめたことがある。その証言によると、日々の寒さ、霧の深さ、周囲の殺風景の中、こんなところで死にたくないと痛切に思った。誰もが内心ではそう思ったはず、と訥々《とつとつ》と語った。

最終的に、司令部は残された者で最後の突撃を行うことに決めた。命令書などの重要文書を焼き、北方軍との連絡の無線機も手榴弾で破壊して、全てを断ち切ってこの日（5月29日）に総攻撃をかけることになったのだ。最後に山崎隊長の名で送られた電報は次のような内容である。

「残存全兵力一丸となり、敵集団地点に向ひ最後の突撃を敢行し、之を殲滅、皇国の真価を発揮せんとす。傷病者は最後の覚悟を極め処置す。非戦闘員は攻撃隊共に突進し生きて捕虜の辱めを受けざるやう覚悟せしめたり（以下略）」

負傷者は自決、重傷者は軍医が処置したとも明かされていた。この前日、存命兵士の間では、援軍がくるとの情報が流れた。願望であった。右手のない兵士、片足になった兵士などを含めて300人ほどで3個中隊が編成された。疲労と空腹で立つのもやっとの兵士たちも交えて、夜の8時を期してアメリカ軍の司令部に突進したのであった。

「皇軍の手本だ」と大キャンペーン

この玉砕を大本営は国民の戦意高揚に利用しようとした。何から何まで異例の扱いであった。5月30日の大本営発表は、「5月29日夜敵主力部隊に対し最後の鉄槌を下し皇軍の

朝日新聞

アッツ島に皇軍の神髓を發揮

山崎部隊長ら全將兵
壯絶夜襲を敢行玉碎
敵二萬、損害六千下らず

一兵も增援求めず

銘せよ、この氣魄
銃後一丸、英靈に應へよ

敵膽奪ふ大和魂

アッツ島玉砕を伝える朝日新聞。昭和18（1943）年5月31日付

神髄を発揮せんと決意し全力を挙げて壮烈なる攻撃を敢行せり、爾後通信全く途絶全員玉砕せるものと認む、傷病者にして攻撃に参加し得ざるものは之に先立ち悉く自決せり（以下略）」というものだった。「敵に与えた損害は六千」とも言っている。むろんこれは偽りだった。アッツ島は「皇軍の神髄発揮の聖地」であるとも大本営の報道部長は断言している。

しかし5月31日に開かれた御前会議では、大本営も政府もこの玉砕には触れず、東亜の制圧地域に対しての政略をどのように進めるかに話題は絞られた。東條内閣も大本営も正直なところ、アッツ島の玉砕について戦略的にはさして重要視していないということでもあった。もともとアッツ島やキスカ島への上陸はさほど重要な戦略とは考えていなかったことが明らかになっている。この玉砕が軍中央の戦略の「出たとこ勝負」によるものでもあったからだった。戦略上、意味がないと考えたなら撤退という道もあったのに、援軍も出さず玉砕を命じた大本営の指導部は自分たちの面子しか考えていなかったのである。

その負い目があったのか、アッツ島玉砕は戦時下国民の模範であるとのキャンペーンが始められた。東條首相は6月9日から始まった議会で、山崎部隊こそ皇軍の手本と言い、皇軍の勝利への道筋であるかのように演説した。国民に玉砕を訴えたとも言うことができた。玉砕から1カ月もしないうちに玉砕をたたえる書籍や雑誌が次々と刊行された。『アッツ島血風録』「月刊讀賣」『撃ちてし止まむ』、そして昭和19年に入ると、『山崎軍神部隊』など都合7冊が出版されている。

精神力で戦うという構図

第3期の「崩壊」には2つの特徴がある。ひとつはアメリカ国内の産業が戦時態勢に完全に移行し、武器弾薬が次から次へと戦場に回されてきたこと。とりわけ大型空母の建造計画が功を奏して相次いで戦場に投入される。19年1月ごろまでには、大型空母18隻、小型空母9隻、そして護衛空母に至っては80隻以上もが日本との戦闘に参加してきた。

もうひとつの特徴は、相次ぐ敗戦で日本軍内に玉砕が当然という空気がつくられていったことであった。物量の差が圧倒的な開きとなっていくのに対し、精神力で戦うという構図が描き出されていったということである。戦争の局面では勝ち負けのレベルではなく、いかに日本がアメリカの前で屈服するかこそが問われる戦いになったのだ。

この崩壊の時に、アメリカ軍は11月21日からギルバート諸島のマキン、タラワの両島に上陸してきた。

この両島もまた玉砕の地となった。確かに2日から3日は持ちこたえたにせよ、物量の差はいかんともしがたかった。このあとアメリカ軍は2カ月ほど攻撃の手を緩めている。そして昭和19年に入るとマーシャル諸島のクェゼリン島の航空基地を攻撃してきた。このクェゼリン島の守備隊員は３９００人いたが、2月6日には玉砕している。アメリカ軍は航空母艦、艦載機で日本軍の制圧地域を自らの勢力圏にし、そしてトラック島やソロモン諸島に向けて進んできたのである。

物量と精神、その対比の中で、これでは日本は勝てない、航空機による体当たり攻撃で活路を開こうとの案が次第に表面化してきた。海軍大佐の城英一郎侍従武官が最初に言い出し、この案を航空総務部長の大西瀧治郎のもとに持っていった。このときは大西は断っている。まだこの段階ではためらいがあったのだ。

陸軍でも体当たり攻撃用の高速艇開発を申し出る者があった。陸海軍とも作戦会議などで次第に人間を武器とする体当たり攻撃が論じられるようになっていく。玉砕は特攻へと続いていたのである。大西瀧治郎が本当に特攻作戦の「責任者」であるかどうかは、第4

章で詳しく述べる。

ギルバート諸島のマキン、タラワ両島の玉砕によって、アメリカ軍の攻撃はマーシャル諸島、そしてマリアナ諸島に向かってくることになったが、日本軍の玉砕という戦術がそのスピードを鈍らせたのも事実であった。特にタラワを陥落させるために、アメリカ軍は多くの犠牲を払った。

4日間の戦闘を経て日本軍は制圧されたのだが、守備隊員と作業要員を含めて約5000人のうち17人の負傷した兵士と129人の要員が生き残っただけであった（アメリカ側の資料）。しかし日本軍の玉砕で終わったにせよ、アメリカ軍は海兵隊員984人が戦死、2072人の負傷者を出した。このころの戦闘でこれほどの犠牲が出たことはなかったのである。

アメリカ軍の指導者は驚き、戦場記者からの報道記事にアメリカ国民も強い衝撃を受けた。日本軍を壊滅させるのにこれほどの犠牲者を出さなければならないのか、との声も上がった。アメリカの戦記によると、アメリカ軍の参謀の中には、「毒ガスを使うべきではないか」との声も上がったというのだ。

体当たり攻撃と毒ガスの使用、双方の軍事指導者の間にはお互いに禁じ手を使っても構わないという意見が生まれたのである。日本は実際にその手を使ったが、アメリカもまた最終的には原子爆弾を使っている。

井本参謀の直話、「戦力は30対1以上の開き」

太平洋戦争の第3期から第4期にかけての分かれ目は昭和19年2月ごろ、となる。昭和19年1月からはマーシャル諸島攻撃が始まり、前述のようにクェゼリン島は玉砕している（2月6日）。このクェゼリン島とルオット島の2島に撃ち込んだ弾薬は爆弾300トン、艦砲砲弾4000トンなどと凄まじく、大本営参謀だった井本熊男は、戦後アメリカ側の資料を見て愕然としたという（『作戦日誌で綴る大東亜戦争』）。そして、このように記した。

「両島の彼我戦力を人員、装備、物量の三要素によって比較してみると、（略）ルオットにおいては100対1以上、クェゼリンにおいても50対1以上の格差があったと思われる。前者は敵の上陸以前にすでに全滅状態となり、敵の上陸後1日で完全に玉砕し、後者は2日半で玉砕した」

井本はこういう状態はまさに金槌でマッチ箱を叩き潰すようなもので、簡単に壊滅したと書いている。井本はいわば当時の軍官僚の中堅エリートであり、戦後に著した本書では、正直に大本営の作戦指導の誤りを認めている。私自身、昭和50年代の初め、太平洋戦争の実相を質すために井本熊男と何度か会った。是非のはっきりしたタイプで、話がわかりやすかった。井本のような反省するタイプは極端に少ない。彼は昭和18年のある時期から最終段階の沖縄戦まで、最低に見積もっても戦力に30対1以上の開きがあったと言っていた。軍事指導者は彼我の戦力比を全く読み違え、常に甘い見通しで作戦指導を行ったというのが正直な姿であった。こういう反省がなぜ当時の軍事指導者にはなかったのか、と嘆きたくなる。井本は断言している。

「遺憾ながら日本陸軍、特に中枢指導部には合理的な戦略、戦術思想は欠如し、ただ猪突《ちょとつ》猛進の攻撃一点張りで、たまたま第一線が苦難の経験から、敵弾を避ける防御と攻勢との併用によって敵の出血を図る戦法をとれば、中央部はこれを自己保存の卑怯な態度として非難する傾向さえあった」

ついに「東條幕府」となる

こう見てくるとわかるのだが、この戦争は第3段階の崩壊の時期ですでに決着がついていたのである。しかし現実の流れを見ると、中枢指導部は東京からの戦略通りに戦わないからだと怒り、東條首相・陸相は「統帥権独立などと言っていては戦争指導はできない」と言い出した。

つまりこういうことだ。東條の言う戦争指導とはすなわち「軍令」を指している。軍令は実際の作戦行動を指揮する機能だ。一方、「軍政」は内閣が軍事組織を運営する行政活動を意味する。軍令と軍政を分離することは明治の建軍以来、日本の軍事組織の要であった。政治の側は作戦に口を挟むことはできない。その禁を犯せば「統帥権干犯」ということになる。統帥権は軍隊の最高指揮権で、大元帥である天皇の大権である。だが天皇が直接指揮することはなく、陸軍は参謀本部、海軍は軍令部が輔弼《ほひつ》する形式でその権限を実行する。参謀本部のトップが参謀総長で、軍令部トップが軍令部総長である。東條は首相・陸相だから政治家の立場だ。それでは十分な戦争指導ができないというのである。

　そして実際に参謀総長も兼ねると発表した。まさに「東條幕府だ」と言われる独裁体制の時代になる。発表は昭和19年2月21日である。

　一人の、軍内ではさして有能とは言われていない凡庸たる軍人にこれだけの権力を与えることで、日本は戦争の行く末を懸けることになったのである。

　昭和19年2月17日に、南洋諸島を押さえる拠点になっていたトラック島がアメリカ軍の空襲を受けたことで、どれほど情報を隠しても誰も日本の優位性を信じない状態になった。トラック島がアメリカ軍の手に渡ることになれば、マリアナ諸島の防衛はおぼつかない。やがて本土空襲が日常的になる。当然、東條への風当たりは強くなった。それなのに参謀総長にも就任するというのだから、東條内閣打倒、あるいは密かに東條暗殺さえも考えるグループが生まれてきたのである。

参謀総長になると発表する2日前、2月19日に東條は天皇に会い、国務と統帥を一体化することを訴えたようである。天皇との間でどのようなやりとりがあったかは明らかになっていないにせよ、東條の案にひとまずは了解を与えたようであった。このことが東條に奇妙な自信を与えた。自分は天皇に信頼されている、だから自分に逆らうことは天皇に背くことだとの思い込みであった。

この時も東條は海相の嶋田繁太郎に軍令部総長に就くように命じ、強引に納得させている。さらに参謀総長の杉山元には、天皇から自分は信頼されているかのような言い方をして、その不満を抑え込んでいる。杉山は軍の歴史に反する、現状を混乱させると反対しているが、とにかく天皇の内意があると言われれば「今回は特例」とのことで引いている。

東條が軍政と軍令を兼務する、海軍の嶋田も同様に兼務すると発表された時には、各方面からこれは国の根幹を揺るがす大問題だとの声が上がった。天皇の弟宮である秩父宮（当時は結核で療養中）は、3度にわたって質問状を出した。東條は「この是非は後世の史家に任せます」と極めて失礼な回答を返している。

東條の秘書官だった赤松貞雄によると「東條さんは陸軍省では陸軍行政の仕事を、参謀総長のデスクに座れば参謀肩章をつけて戦略を、人格を二分してやるから大丈夫。これからは作戦はうまくいく」と話していたという。

批判する者は刑務所送り

昭和18年から19年にかけて、「大本営発表」がどれほど嘘、偽りの報道を行おうと、日本が敗戦の道を歩んでいることは国民の誰もが理解できた。ある国民学校（小学校）の6年生の生徒が、大本営発表が出されるごとに、日本軍が撃沈したアメリカ軍の航空母艦や巡洋艦などの数をグラフにして書き込んでいた。航空母艦などは100隻もあるわけではないと思うから、早く撃沈すればいいと楽しみにグラフに書き込み日本の勝利を待つ軍国少年であった。

ところが大本営発表の「敵」に与えたる損害では、航空母艦さえ100隻をはるかに超えるのだ。彼は「日本がこんなに勝っているのに、なぜアメリカは降参しないの」と大人たちに聞いて叱られている。子供でも嘘を並べる大本営発表のおかしさに気づいていたのである。

そんな状況下、内務省の特高警察は戦時下の国民が反戦、非戦、あるいは厭戦の言動をなさぬように日々監視していた。個人の日記まで調べていた。作家の永井荷風は日記をつけていたが、特高警察や憲兵の目を気にしていつも下駄箱の奥に日記帳を隠していた。東条英機が首相、陸相、それに参謀総長を兼ねるようになると、そういう弾圧はよりひどくなった。

少しでも戦争に批判的な言動をする者は次々に刑務所送りとなった。特高警察の資料の一部をまとめた『昭和特高弾圧史 5』（明石博隆・松浦総三編）を見てみると、その弾圧の一端がうかがえてくる。

例えば東京都永田町、東條英機宛の投書ありとして、

「東條大将もういい加減にして戦争やめろ、国民の苦しみを知らぬかお前達は何の不足もあるまいから云々と書き、最後はわが国民はもうこれ以上は忍ばれない、今に内乱が起きるから見ていろ今その準備をしているのだ気をつけろと結びあるもの。（捜査中）」

といった具合である。愛知県の23歳の青年工員が、職場の同僚に「戦争で国民は苦しんで居るが戦争など負けても別に国民は亡びる訳ではないから国民をそう苦しめる必要はない」と言い、そして天皇は偉いわけではない、という発言を行ったとの報告がされている。

「1月28日検挙、3月31日送致」と書かれている。

「打倒東條悪党内閣国民大会　願わくば検察当局、内閣首班を縛すべし、全国司法官、官吏減俸案反対当時の意気あらば、今起てよ、陛下の司法官、奮起せよ」

これは、ある新聞社の編集部に届いた投書という。「（各紙への）不敬不穏投書と同一犯

人の行為と認め捜査中」と報告書には書かれている。庶民が次第に怒りを増幅させていたことがわかる。

(4) 客観性なき戦闘

インパール作戦はなぜ実行されたのか?

第4期が「解体」の時期である。この期間が昭和19年2月ごろから翌20年4月までとなるのだが、東條首相・陸相が参謀総長を兼ね、軍政と軍令の両面を握った時期を起点に、沖縄へアメリカ軍が上陸した時までの期間である。本土決戦が始まるまでとも言える。

この解体の期間は2つの特徴を持っている。戦場での玉砕は当たり前、そしてこの期間に特攻作戦も始まっている。兵士の命など鴻毛より軽いという作戦の実施である。もうひとつが、東條は自分が軍令も兼ねたから作戦がうまくいくと豪語したが、その実、この2月から同年7月(東條退陣)までの期間の戦闘は全て失敗し、それ以前よりも圧倒的に戦死者が増えている。

この2つに共通するのは願望ばかりで戦闘を進めていることだった。客観的な判断は全く通用しない戦時指導だったのである。

東條が参謀総長になって、すぐに始まったのがインパール作戦であった。あまりの無謀さで今なお悪名高いこの作戦は第15軍司令官の牟田口廉也が積極的で、第15軍をビルマからインドへ進撃させて、インドのコヒマとインパールを占領するというのである。

これらの地を押さえて英印軍を攻撃し、アッサム州の油田地方を確保するのが目的であった。

昭和17年7月に日本軍はビルマを制圧して、連合国の蔣介石支援ルートを断ち切ったが、昭和18年後半になるとイギリス軍をはじめ連合国が次第に反攻に打って出てくることが予想される事態になった。現実に日本のビルマ占領が次第に先細りとなることもあり得た。

牟田口のインパール作戦は極めて過酷であった。なぜならインド、ビルマ国境は険しいアラカン山系にあり、2000メートル級の山々が連なっている。そこにどのような形で補給を行うのか、ビルマの原隊からインドまでジャングルや沼地、さらには峡谷を越える遠大な距離を徒歩で進軍できるのか。地形、天候を考えて食料、被服、戦備、医薬品などの補給を航空機で行おうにも、制空権は日本にはない。結局、3万頭余の牛馬や山羊（これらは食料にもする）などに頼ることになる。

第15軍には3つの師団があったが、3人の師団長（柳田元三、山内正文、佐藤幸徳）らはいずれも兵站《へいたん》を無視したこの作戦自体に消極的であった。

そのため牟田口は事前の作戦上の打ち合わせでは、師団長を呼ばずに参謀を呼んで示達している。ずさんな作戦遂行であった。このインパール作戦は東條の全面的な支援の下、昭和19年3月8日から始まった。

しかし補給はすぐに途絶え、牛馬も山岳地や増水した河川で失った。飢えと英印軍の空からの凄まじい攻撃、雨季の気候などにさらされ、兵士たちは次々に倒れていったのである。

それでも日本軍の一部はなんとかコヒマ、インパール近くまでたどり着いたが、逆に包囲される状勢になってしまった。日本軍の先頭の部隊は孤立し、飢えとマラリアなど熱帯病に罹る兵員が相次ぎ、戦闘どころではなくなっていった。作戦が始まって2カ月もしないうちに、日本軍は包囲を解いて撤退するのが当然の作戦になってしまった。

6月になって佐藤師団長が独断で撤退を決定した。兵員たちは戦場を離れることになったが、撤退していく道は「白骨街道」と言われる状態になったのである。

「(兵士たちは降りしきる)猛烈な雨の中を、三々五々として長蛇の列を作り、泥濘の道をよろめきつつ歩いた。銃器は捨てても飯盒《はんごう》だけは手放さなかった。道ばたには泥に突っ伏す日本兵の遺体があった」(『アジア・太平洋戦争史』山中恒)

この白骨街道を抜け出しても英印軍の戦車などが待ち受けており、日本兵は一斉射撃を浴びて亡くなっている。昭和19年7月1日に大本営は作戦中止命令を出した。最終的にこの作戦には約9万人の兵士が参加し、戦死した兵士は3万人、傷病者は4万人だったという。まさに壊滅的な損害であった。

「画兵」が描き残した白骨街道

インパール作戦に従軍した兵士たちは京都の連隊の人が多かった。昭和50年代、そういう元兵士たちを訪ねて、あの作戦について彼らがどんな思いを持っているかを聞いた。西陣の織物会社の経営者、料亭の旦那、さらにはすでに現役を引退している会社役員など、さまざまな人たちに会った。東條と牟田口を名指しで批判することが戦死した仲間を悼むことでもあった。

泥水の中で死んでいる兵士たち、正常な感覚を失い訳のわからない言葉を発する兵士たち、誰もがその地獄絵図を語った。「牟田口司令官の命令は」と司令官の名を出すだけで、たいていの人は取り乱した。

「あの男が畳の上で死んだことだけは許せない」と顔色を変えた人が多かった。あまりにも戦場の悲惨さばかりなので、私は言葉も出なくなった。

牟田口廉也・陸軍中将は、敗戦から21年後、77歳で没＝写真は昭和15（1940）年ころの撮影

するとある元兵士が「君は画兵という言葉を知っているか」と尋ねた。私はある程度知っているのでそう答えた。日本軍は戦闘記録を写真で残す余裕などない。報道班員とてカメラで写すほどフィルムを持っていない。そこで絵心のある兵士が、残っている紙に戦場の絵を描き残すのだ。仲間のみんなから画兵と言われていた兵士がいて、彼が描き残した白骨街道の絵がある。そいつから見せてもらえ、と言われた。こうしてその元兵士の描き残した絵を見ることになった。

戦後改めて描き直したりして一冊の画集になっていた。元兵士たちが語ったように、肩を組んでフラフラ歩く兵士たち、雨のたまった道路の脇の水たまりに顔を入れて死んでいる兵士、すでに骸骨になっている遺体、戦場の現実が細かに描写されている。

第4期の「解体」は軍事指導者の心理も解体同然で、作戦命令が思いつきになっていったのである。

サイパン島の防御陣は、ただの穴

さらに日本にとって不本意な結果が起こる。第2次世界大戦という枠組みで見るのなら、日本の同盟国であるドイツは、アメリカを中心とする連合国に次第に追い詰められていく。この年（1944年＝昭和19年）6月6日に連合国は、北フランスのノルマンディーへの上陸に成功、ここからドイツの制圧地域に侵攻を開始した。戦争の状況は大きく変わっていくことになった。

これとほとんど時を同じくして、アメリカ軍はマリアナ諸島のサイパンに上陸を開始した。アメリカ軍はマリアナ諸島を制圧下に置くことで、サイパンの航空基地から日本本土への空爆が可能になる。そしてこのルートから硫黄島などを含め、いくつかのルートを経て日本上陸作戦へと進んでいける。こうしたルートを断ち切るために、日本にどのような戦略があるかと言えば具体的には、精神論で戦う以外になかったのだ。

このサイパン島はドイツ領だったのだが、第1次世界大戦のあと、日本が委任統治領として支配権を得た地であった。サトウキビの栽培などでおよそ2万5000人の日本人が住んでいた。トラック島への攻撃（2月）を通して、次はサイパンが狙われるというのは軍事指導者の誰もが考えていた。東條英機が参謀総長を兼ねる時期には、その防備にどのような対応策を取るのかが重要であった。

東條はサイパン島への上陸を防ぐために強力な陣地をつくるよう命令を発している。これを称して軍内では、「東條のマジックライン」といわれた。東條もサイパンは難攻不落の防御陣と胸を張った。だが実際には、陣地をつくるセメントなど資材はなく、兵士たちが海岸線に穴を掘っただけだったのである。現地の守備隊およそ4万4000人は玉砕覚悟での戦いになることが自明の理でもあったのだ。

アメリカ軍は上陸作戦の1週間ほど前から飛行機で海岸線に集中的に爆弾を投下する。砂浜の防御陣地などは、ほとんど潰される。実際に上陸を開始する時は、艦砲射撃で上陸地から数キロにわたって丸裸にしてしまう。そして兵士たちを次々と上陸させるのであった。これが「玉砕の島・サイパン」といわれる悲劇のドラマの始まりであった。この日から7
6月15日の朝、アメリカ軍は約7万人の兵士をもってサイパンの西海岸に上陸を始めた。月7日の玉砕までの23日間、日本は戦争の悲劇の真っただ中に立ちすくむことになる。

サイパンにアメリカ軍が上陸の動きを示したとの第一報に、東條は笑顔だったという。これは私が、東條の秘書であり副官でもあった赤松貞雄から直接に確かめた証言であった。赤松は次のように述懐した（昭和52年）。

「第一報が入った時、実は東條さんは喜んだんです。サイパンの守備隊は懸命に陣地を確保していて難攻不落だから、これからやっと反撃ができると考えたのです。マリアナ周辺の敵を叩けばいいと、軍令部とも打ち合わせを繰り返していました。しかし海軍にはそんな余裕はない、陸軍とて船がないわけです。東條さんががっかりしていたのを覚えていますよ」

サイパンにアメリカ軍が来てくれたのはもっけの幸い、これを機にサイパン周辺のアメリカ軍を叩き、さらに太平洋艦隊を叩けというのであった。しかし日本の戦力はもう底をついた状態であった。海軍は実際には有効な反撃を行う戦力はなかったのである。

アメリカ軍のサイパンへの上陸は、それまで太平洋の激戦地帯で戦った部隊が6カ月の休暇を終え、態勢を整えての作戦行動であった。対する日本軍は4万人を超えていたが、戦力としてははなはだ疑問であった。徴用されたばかりの者や召集まもない兵士たちで、加えてサイパン上陸までに輸送船が沈められたりで、戦備も十分とはいえなかった。

大本営の情報参謀である堀栄三は、その書（『大本営参謀の情報戦記』）に書いている。

「（アメリカ軍は）戦艦で40個師団、陸軍と海軍で3個師団、合計43師団でサイパン島はぐるぐる巻きに包囲され、日本軍第43師団は完全包囲の中での防戦であった。1対43、勝敗はすでに明白である」

制海権も制空権も完全に失う敗北により、マリアナ諸島はアメリカ軍の勢力範囲に組み込まれた。サイパンの基地から自在に日本本土を攻撃できる状態になっていったのである。

サイパン守備隊の兵士、それに民間居留民の2万5000人が戦闘に巻き込まれたが、日本軍は捕虜になることを許さずに投降を希望する人たちを殺害している。次第に戦闘の内容は悲惨な状況へと変わっていった。

7月6日に守備隊の師団長や海軍の責任者らは生存して戦っている兵士たちに、玉砕命令を出している。第43師団の斎藤義次師団長は、大本営に向けて「我ら玉砕、以て太平洋の防波堤たらんとす」との最終電報を打って、翌7日に玉砕している。

この時の存命兵士はおよそ3000人であったという。民間人、いわば非戦闘員は1万5000人がアメリカ軍に保護され、キャンプに収容された。結局、サイパンの戦闘要員のうち捕虜となった兵士はおよそ900人であったという。日本兵4万1000人余が戦死したことになる。

岡田啓介を中心にして東條内閣打倒へ

サイパンの陥落によって日本国内に絶望的な空気が漂うようになった。むろん、玉砕と陥落はすぐには国民には伝えられず、大本営の発表は事実を覆い隠すものだった。少しは濃淡の差があるものの、陸軍、海軍双方とも虚偽、誇大、隠蔽というサイクルの中で、国民を欺くのに必死であった。

こうした状況を全て理解すると、この戦争が私のいう第4期の「解体」の時期に至っている理由が明確になっている。すでに戦争は軍官僚の責任逃れの意思だけで続いているのであったが、兵士の命などは二の次になり、戦争というより国家が滅びるとはどういうことか、といった次元にまで追い込まれていたのである。この「解体」の時期を前提に、この戦争がどのような形に変質したのかを改めて整理して見ることが必要になるであろう。私は次のように考える。箇条書きにしてみよう。

①戦争の目的が混乱し、戦っている意味が不透明
②戦争終着点が曖昧で混乱している
③戦闘に並行しての政治が動かない
④戦時指導者の能力の限界を超えた状況
⑤国を挙げて願望、幻想、そして現実から遊離

この5点が浮き彫りになっている。東條はサイパン陥落を評して、「マリアナ諸島の戦況は、天が我々日本人に与えてくれた啓示だ。まだ真剣にならないのか、本気にならない

のか、と言っているのだ」と側近に漏らしている。前述の5点を検証しようなどとは考えてもいないのだ。

さすがに東條倒閣への動きが活発になった。

内閣打倒の動きのなかで、もっとも力を持ったのは海軍の長老とも言うべき存在で、重臣でもあった岡田啓介であった。岡田は2・26事件当時の首相で、青年将校の襲撃を受けたが、とにかく命は永らえた。岡田はこの年2月の東條首相・陸相の参謀総長就任と、嶋田繁太郎海相の軍令部総長就任のころから倒閣の運動を進めていた。

アメリカ軍のサイパン攻撃時から、岡田は嶋田のもとに乗り込んでさしあたり海相辞任を迫った。嶋田は拒否している。サイパン陥落とともに岡田は近衛文麿をはじめ他の重臣とも連絡を取り、東條倒閣に動き始めた。

一方で東條の側も岡田と接触して、倒閣をやめるように圧力をかけている。もし戦争に負けたら、あなたのせいだとか逮捕もありうると脅かしている。まさに倒閣の動きは命がけだったのである。東條は、天皇に信頼されている私に抗することは天皇に背くことだ、と考えているのだから、誰の言うことも聞こうとしない。

東條は内大臣の木戸幸一に会って、天皇の意思を確かめた。木戸も大きく言えば、岡田たちの動きに連動していた。天皇の意思として、3条件を示した。その1は両総長の兼任を解く。その2は嶋田を更迭せよ。その3は重臣を入閣させて挙国一致内閣で戦争指導を行え、というものだった。むろんこれは天皇が望んでいる条件であった。天皇は東條が独裁状態になっていることに不安だったのである。しかも東條の指導力に疑問を持つに至ったとも言えた。

東條は、自らは参謀総長の兼任から離れ、そして嶋田にもあたかも天皇が信用していないかのような言い方をして、辞任を促した。嶋田もそこまで言われると辞任することを了解したのであった。

しかし、重臣の入閣でつまずくことになった。東條は米内光政を入閣させることにしたが、それには閣僚を1人辞めさせなければならない。そこで国務大臣の岸信介に辞任を迫った。その一方で、米内に入閣を要請したのである。東條側近の書記官長の星野直樹、陸軍省軍務局長の佐藤賢了らが強引に説得した。

両者とも説得には応じなかった。2人とも東條内閣を倒し、新内閣による戦争の行く末を考えた方がいいとの判断をもっていたのであろう。特に米内はそのことを他の重臣たちに公言していた。

東條は天皇に会い、この経緯を伝えたが、天皇は慰留していない。東條は総辞職を天皇に伝えた。昭和19年7月18日、東條内閣は重臣の包囲網で倒れた。東條側近の中には、クーデターを主張する者もいたと戦後になって明らかにされている。

天皇を騙す「メーキング」報告

東條の後任を決めるにあたって、この戦争をまだ続けるのか、それとも講和を目指す内閣にするのか、それが問われていた。これは近衛文麿が日記で明かしているのだが、本来なら皇族内閣を組織して、和平を目指す動きもあった。しかし、それではあまりにも敗戦という現実を前提とした和平交渉になりかねなかった。

とにかく一度でも戦況を有利な状態にするために戦争継続内閣もやむなし、というのが重臣たちの本音でもあったのだ。

結局選ばれたのは朝鮮総督の小磯国昭であった。その小磯に海軍の米内光政を並立させ、小磯・米内内閣で行くようにと、天皇も命じていた。表面上は小磯内閣として、この戦争と向き合うことになったのである。

陸相は杉山元、海相は米内となった。小磯は国民総武装で戦う、本土決戦も辞せずという、極めて強い調子の意見でともかくも国民を引っ張って行くことになった。

第4期の「解体」の時期を昭和19年2月以後、翌20年4月までのアメリカ軍の沖縄上陸までとするのだが、東條の時代と小磯の時代とに分けられる。このつなぎの時代を象徴するエピソードを語っておきたい。重要な史実である。

海相に就任した米内は、天皇への上奏の折に、「現在の日本の燃料はどうなっているか。詳しく知らせてほしい」と命じられる。そこで米内は海軍次官の井上成美《しげよし》を呼んでその旨を伝える。井上は海軍省の軍需局長を呼び、天皇からの命令をそのまま伝える。すると軍需局長は次のように答えた。

「本当のことを書きますか」

井上は驚く。

「変なことを聞くね、陛下に嘘を申し上げられない。むろん本当のことさ。なぜそんなことを聞くのか」と井上は質している。するとその局長は、「実は嶋田大臣の時はいつもメーキングした資料を作っておりました」と答えたという。この話は海軍の将官たちに、水交会（旧海軍の親睦団体）のメンバーが聞き書きして残したものだった。昭和30年代初めのころだ。その記録が水交会から正式に発刊されたのが平成22（2010）年4月であった。つまりずっと伏せられていたのである。

海軍に限らず陸軍も天皇に知らせたくない現実は、かなり隠蔽、歪曲していた節もある。天皇は、都合のいい発表ばかりを聞かされていたことになる。天皇は騙されていたのである。

台湾沖航空戦、誤った「戦果」

小磯内閣になっても現実には戦争継続の方針は変わりなく、むしろ一度でも勝機を摑んでという意地が軍事指導者の姿勢となった。サイパン陥落に続く戦場は比（フィリピン）島での決戦に照準を合わせた。陸軍の主力はルソン決戦によって戦況の打開を目指すことになった。

アメリカ海軍の第3艦隊は昭和19年10月10日から、沖縄の南東海上から艦載機を相次いで飛ばし、沖縄、台湾、ルソン島などを攻撃させた。この攻撃でアメリカ軍がフィリピン中部に位置するレイテ湾に照準を合わせていることが明らかになった。同時に台湾の航空基地や軍需工場などに執拗に攻撃をかけた。

これを受けて、日本の連合艦隊司令部も日本の各基地から航空部隊の作戦計画を発動して、本格的な航空戦を挑むことになった。この戦いは「台湾沖航空戦」と呼ばれた。

この航空戦で、日本国内の鹿屋《かのや》、新田原《にゅうたばる》などの基地に戻ってくる攻撃機は次々に戦果を報告していく。開戦時の真珠湾攻撃に匹敵するほどの大戦果が「大本営発表」によって連日にわたり報道された。新聞報道もこの発表を大きく取り上げた。『大本営発表の真相史』（冨永謙吾）によるならば、新聞の見出しには次のような大きな文字が並んでいたというのである。むろんこれは大本営がそのように報道せよと命じたからでもあった。

「赫赫・台湾沖航空戦。5日に渡る猛撃。空母19、戦艦4等、撃沈破45隻、敵兵力の過半を壊滅。輝く陸海一体の偉業」

大本営の報道部長はこの戦果によって戦術転換の機至るとの談話を発表している。戦時下の日本社会は沸き立ち、各地で旗行列が続いた。日本の底力を見たか、という識者の談話もあった。

ところが台湾沖航空戦の勝利は全くの虚報であった。

だが大本営陸軍部の参謀たちは、この「大戦果」をもとに戦略を再検討することになった。やがて海軍の軍令部の参謀たちは、本当にこんなに戦果が上がっているのか、と疑問を抱いた。

参謀たちは、改めて連合艦隊の司令部や実際に攻撃を行った部隊に、実態を確かめている。すると戦果の確認が極めて曖昧なことに気がついた。各種の資料によるなら、実際の戦果は空母4隻に軽微な被害を与えた程度であり、撃沈などはあり得ないと判断するに至った。

さて問題はここから新たな事態を生んでいく。このことを軍令部は陸軍側に伝えなかったのである。しかも軍令部の判断もまだ甘く、実際のアメリカ側の損害は、2隻の大型巡洋艦（キャンベラ、ヒューストン）を大破させたに過ぎなかったのだ。

なぜこのような虚報事件が起こったのか、陸軍は本当に全く知らなかったのかという問題については第4章で述べる。極秘電報を「握りつぶした」という、瀬島龍三・陸軍参謀の行動をそこで明らかにする。

いないはずのアメリカ機動部隊が出現

続いてレイテ海戦（日本側の呼び方は比島沖海戦）の内実を簡略に述べるが、この戦いは戦力比の違いがより鮮明になっただけでなく、ある転換点になっていることがわかる。なぜなら、このレイテ海戦から特別攻撃隊の作戦が発動されたからである。

アメリカ軍の機動部隊と艦載機群がレイテ島にある日本軍の航空基地を徹底して叩いた。10月の18日からである。同時にミンダナオ島の日本軍の航空基地にも次々と攻撃を仕掛けてきた。これらの機動部隊の空母や戦艦は、日本軍に「沈められているはず」なのに、全く痛手を受けずにいたのである。こうした攻撃を受ける形で、大本営は持てる陸海空の兵力を比島に投入するとの方針を定めたのであった。そしてアメリカ軍の上陸作戦が始まる。

この上陸作戦は日本軍の死守するそれぞれの陣地に、その何倍もの兵力で攻撃してくるのだから、３日ほどの期間でのアメリカ軍の戦死、戦傷者が２４０人ほどなのに対して、日本軍は５０００人にも達したのである。

一方で海軍は、軍令部が主力部隊をレイテ湾に突入させることで、総力戦を企図していた。ボルネオのブルネイ湾で出撃待機中の栗田艦隊（指揮官・栗田健男中将）に、25日の朝を期してレイテ湾に突入するように命じた。そのために比島東方に囮《おとり》となった小沢艦隊（指揮官・小沢治三郎中将）が、アメリカ軍の機動部隊を誘い出す計画を進めていたのである。

確かに小沢艦隊はアメリカ軍の機動部隊をおびき出す囮の役を果たした。しかし、このレイテ海戦はそういう囮作戦で急場をしのげるものではなかった。栗田艦隊はレイテ湾に突入することなく反転してこの作戦から離脱した。世にいう「謎のUターン」である。栗田はなぜ反転したのかを終生語らなかったという。栗田には栗田なりの作戦上の読みがあったのだろう。

台湾沖航空戦の「誤った戦果」を土台にしたレイテ海戦は、約1万の戦死者を出す戦いとなった。ルソン島での地上戦を含めたフィリピン全体での戦死者は50万に及んだのである。そしてこのレイテ海戦の最終段階で特別攻撃隊の編成が行われ、10月25日の朝に敷島隊と菊水隊がアメリカ軍の空母に体当たりした。特攻作戦の始まりである。

（5）ポツダム宣言受諾への曲折

硫黄島に揚がった星条旗

いよいよ最終、第5の降伏の期間である。

この期間は絶望的な状況といってもよかった。勝利の可能性は全くなく、何のために戦っているのかという意味さえ不明な状況になった。軍事指導者たちはただ戦いを呼号するだけで、戦いの方向性などは見失っていた。そんな中で戦場に置かれた兵士たちはひたすら戦闘に追い込まれていた。

昭和20年2月になると、アメリカ軍は硫黄島の日本守備隊を攻撃し、次には沖縄を標的にする。

硫黄島の守備隊は、最終的には3月17日に大本営に玉砕する旨の電報を送り攻撃を終える意思を示した。しかし島内に散っていた各部隊はほとんどがアメリカ軍の攻撃によって全滅に近い状態であった。3月15日に、栗林忠道中将の指揮下にある陸軍の兵士と、海軍の市丸利之助少将の指揮する部隊が、兵団司令部の洞窟で合流した。2万2000人ほどいた兵員は、その時９００人であったという。そして両指揮官の話し合いのもと、最後の攻撃に出ることになったのである。

とはいえ、すでに地上のあらゆるところがアメリカ軍の支配下にあった。簡単には地上に出て玉砕というわけにはいかなかったのだ。そのため結局は3月26日に元山飛行場の近くで最後の戦いを行った。この戦いはアメリカ軍に予想外の損害を与えたが、大勢を変えるほどの戦果があがったわけではなかった。これで組織立った戦いは終わり、日本側は各部隊が独自に地下や洞窟に身を潜めながらのゲリラ戦となった。

硫黄島の戦いでは、2月17日から玉砕電報を伝える（21日）までの間、6回にわたって大本営発表が行われた。アメリカ軍の兵力3万3０００人に損害を与えたと発表したが、それはあまりにも誇大で戦死者は６８９１人であった。負傷者は1万８０７０人だったが、それでもアメリカ軍にとっては予想外で、栗林の兵団はよく戦ったとアメリカ側の資料（『海兵隊史』）には書かれているという。

アメリカ軍は3月16日の段階で硫黄島を完全に制圧したが、すでに上陸数日後の2月23日には勝利の儀式を行っている。摺鉢山《すりばちやま》頂上での星条旗の掲揚である。その写真はアメリカはもとより世界に広く伝えられた。

沖縄戦でも、やはり作戦の対立

硫黄島の守備隊が壊滅状態になってすぐに、アメリカ軍は沖縄への上陸作戦に入った。まさに休む間もなくという感じである。レイテ海戦以後の日本軍は、実際にはもう戦う戦力はなかった。いわばアメリカ軍のなすがままの状態になった。

アメリカ軍が3月26日に慶良間列島に上陸を開始して沖縄戦は始まった。以来6月23日までの戦いは、本土決戦の第1号と言うべき意味を持った。硫黄島も確かに本土決戦と言うべきだが、こちらは住民がおらず、戦闘員と戦闘員の衝突であった。住民を巻き込んでの軍事衝突という意味では、まさにこの戦いが第一幕となったのである。

沖縄戦開始から敗戦までの5カ月が第5段階の「降伏」なのだが、むろんこれは単に敗戦に至る道筋というわけではない。この期間に軍事の次元から文化の次元に移ったとも言えた。どういう意味かというと、この戦争の目的も大義も、果ては精神までもが音を立てて崩れていったのである。戦時指導者の退嬰《たいえい》がいたるところに顔を現すほどになったのである。

『失敗の本質』（戸部良一ほか）によると、例えば沖縄戦では日本の国力、戦力は衰弱の極みにあるのに対して、アメリカ軍の国力、戦力はまさに充実そのものであったという。同書は「日本軍の種々の問題点は一挙に白日のもとに曝《さら》されることになった」と記している。軍事作戦が成功するためには、作戦目的が確固としていなければならない。ところが参謀の間には、「決戦か持久か、航空優先か地上優先か」の対立があり、それを大本営首脳は見逃し、結果的にアメリカ軍上陸後の作戦の細部に口出しをするという形になった。

その一方で、沖縄戦に向かうアメリカ海軍の機動部隊に対する日本の特攻攻撃は続いた。連日のように続くその戦果は、はっきりしない面はあったにせよ、アメリカ軍も対空砲火や戦闘機による迎撃で対抗し、次第に戦果も不透明にならざるを得なかった。こうした作戦が、どのような目的で行われているのか、そのことも曖昧になったということであろう。

日本本土を守る武器は、スコップと鎌!?

アメリカ軍が沖縄本島に上陸を開始したのは4月1日であった。この上陸部隊は千数百という上陸用船艇で、沖縄本島の中部西海岸に押し寄せた。それこそ黒い塊のような艦船の群れが沖縄の海を埋め尽くしていた。

沖縄守備隊の第32軍はこの攻撃に抵抗せず、むしろ首里の方面での要域にアメリカ軍を誘引して決戦を挑もうと構えていた。しかしそれにはいくつかの前提があった。日本の航空部隊が上陸用の船艇に徹底した爆撃を加え、撃滅する予定になっていた。しかし航空部隊は全く姿を見せない。アメリカ軍は格別の抵抗もなく、やすやすと1万6000人余の兵士を上陸させた。そして戦備も陸揚げして戦闘態勢を固めていった。上陸部隊はこの日のうちに嘉手納と読谷《よみたん》の2つの飛行場を制圧している。

大本営の参謀たちは、何らの抵抗もせずに航空基地を失うとはどういうことかと怒った。戦闘もせずに航空基地を手放し、さらにその奪回作戦も行わないのは弱腰すぎるというのであった。そのような声は陸海軍の各所で上がった。それにつれて第32軍内部にも対立が起こったと『失敗の本質』が記している。

大本営の作戦に順応すべきだという見方と、いやこれまでのように持久作戦で行くべきという見方との対立であった。結局、牛島満司令官、長勇《ちょういさむ》参謀長らもここに至っては航空基地奪回の攻勢をかけることになる。沖縄戦の戦略はあまりにも場当たり的になっていった。

硫黄島の戦いがそうであったように、沖縄戦も本土での時間稼ぎという位置づけであった。東京を制圧するためのアメリカ軍の戦略をできるだけ遅らせて決戦の準備をするというのだが、しかしその内容は極めてお粗末であった。本土防衛に集められた兵士は40代であったり、これまでの兵隊検査で兵士に向いていないと判定された者も召集されていた。

銃も弾薬もなく、兵士用の靴も十分に揃っていなかったという。

このあたりのことは、沖縄本島にアメリカ軍が上陸して1週間後に誕生した鈴木貫太郎内閣で書記官長を務めた迫水久常の回想録に書かれている。それを読むと、陸軍から本土決戦用の武器を展示しているから見てほしいと言われて見学すると、そこにはスコップや鎌などが並べられていた。迫水は、こんな武器で、しかも十分に訓練も受けていない兵士がどうして戦えるのか、と激怒している。

「時間稼ぎ」で過酷な状況に

鈴木内閣は陸軍が主張する本土決戦作戦に呆れると同時に、内心では誰もが戦争終結を現実化しなければならないと考えていた。それは天皇の意思でもあった。沖縄戦についての大本営陸軍部は、作戦部長の宮崎周一がいみじくも政治指導者たちに言ったように、「沖縄は敵に占領されて、やがての本土来寇《らいこう》は必然である」と見ていたのである。ということは、沖縄は玉砕覚悟で戦うという方針が取られるという意味であった。

むろんそのことは県民も一体となって戦うということであろう。付け加えればこうした戦略の「時間稼ぎ」は、実際にはそれほどの意味はなかった。時間稼ぎという名目で戦争そのものを長引かせるだけであった。これは陸軍の本土決戦派が現実を見ることなしに、ひたすら主観的願望を客観的事実にすり替えているとも言うことができた。

しかし現地の第32軍は、確かに4月1日から6月23日までの84日間、沖縄での戦いを続けた。「時間稼ぎ」の役を果たそうとしたのである。

この事実は沖縄の住民がいかに過酷な状況に置かれたかを物語っている。住民の大半が軍事組織に組み込まれ、10代の旧制中学生、高等女学校生、師範学校生などは980人(4割強)が戦死している。この第一幕のいくつかの局面はやはり史実として記憶しておかなければならない。

このように沖縄戦は空、陸、海と全ての軍事力をつぎ込んでの戦いとなった。言ってみれば日本にとっての最後の戦いの様相を帯びていた。4月1日に陸海軍の軍令の責任者の間で、昭和20年前半期の申し合わせとして、「全機特攻化」を決定した。「日本の戦争指導部が、正規の作戦を最終的に放棄して、『外道《げどう》の統率』を誰に憚《はばか》ることなく公然と認めたことを意味していた」(『特攻』森本忠夫)という指摘が当たっていた。

あえて付け加えておくが、こういう戦争を行う権利をこの時代の軍人に誰が与えたのであろうか。天皇の名を借りて自分たちの面子を守ろうとするその精神は、歴史の中で正確に批判しておかなければならない。それは次代の者の義務であろう。

「空気」によって戦艦大和は出撃した

そして4月6日。この日、海の特攻艦隊が沖縄に向かった。具体的には戦艦大和以下第2艦隊（伊藤整一・司令長官）の艦艇や駆逐隊の駆逐艦など計10艦が、まさに勢揃いする形でアメリカ軍の機動部隊と戦うというのであった。むろん空からの特攻機を援助するとの役割もあった。

戦艦大和の最期＝昭和20年４月７日、鹿児島県・徳之島西方洋上

それにしても大艦巨砲主義の象徴であった大和が、何らの戦功も上げられず、最後の段階で奇妙な役割を果たすことになったのである。この大和ほかの艦艇は7日に徳之島西方洋上でアメリカ軍の艦載機３６７機の標的になり、あっけなく沈んだ。

なぜこのような「自爆攻撃」が行われたのか。大和は国威をかけて最先端の技術で日本が建造した戦艦である。ある時期から連合艦隊の旗艦として役目を果たした。それが最後には沖縄の海域に特攻として突撃して自滅するのである。ある参謀からの「一億総特攻の先駆けになってほしい」という説得に伊藤整一は応じたとなっているが、実態はどうだったのか。軍令部次長の小沢治三郎のみが戦後になって、自分に責任ありと漏らしたと言われるが、当初は確かに反対していた。しかし、「全般の空気からすれば当然の策であった」と呟いている。論理でなく「空気」が動かす、日本的組織の弊であったのだ。

天皇は、大和がこのような最期を迎えたことに強い衝撃を受けたようであった。『昭和天皇独白録』の中でその衝撃と戦争のゆく末に不安を覚え、そして講和の方向に強い意志を持つことになったと告白している。この独白録は、昭和21年3月から4月にかけて側近5人に戦争中の心境を語ったのだが、まだ戦争が終わって7カ月ほどのことであり、記憶は鮮明な時でもあった。

天皇は沖縄戦について、地上戦では3個師団で守るべきところを2個師団で十分と考えていたために、兵力不足で1個師団を送ろうと思った時には、すでに輸送の方法がないという状態だったとまずは感想を漏らしている。そして特攻作戦を行ったが、弾薬はなく、飛行機も良いものはなかったと言った後に、「特攻作戦というものは、実に情に於て忍びないものがある。敢て之をせざるを得ざる処に無理があった」とも漏らしている。そして言う。

「海軍はレイテで艦隊の殆んど全部を失ったので、とっておきの大和をこの際出動させた。之も飛行機の連絡なしで出したものだから失敗した。（略）海軍では捨鉢の作戦に出動し、作戦不一致、全く馬鹿馬鹿しい戦闘であった（略）私は之が最後の決戦で、これに敗れたら、無条件降伏も亦已むを得ぬと思った」

天皇は戦況の現実を客観的にもよく摑んでいたと言えよう。

今なお……わずかに生き残った高齢者の怯え

沖縄戦は空と海、そして地上の戦いであったのだが、地上戦は県民を交えての総力戦になった。

青年、壮年の世代は義勇隊に入ることが義務づけられ、中学生なども徴用の形になり、陣地の設営や通信、輸送の担い手、あるいは伝令などにも使われた。一方で高齢者や婦人、幼児などは戦力にならないとして、ほとんど自力で生きていくしかなかったのである。ガマと言われる自然にできた洞穴にはそういう非戦闘員が隠れていたが、そこに日本兵が入ってきて、追い出されたり、幼児の泣き声がうるさいと射殺されたケースもあるという。こうした地上戦のエピソードはすでに多く報じられているのだが、沖縄の地上戦は悲惨な形で終始した例が多く、私たちはそのような事実の前に言葉を失う以外にない。

最終的に沖縄戦で亡くなった県民は約12万人に達した。日本軍の戦死者は約6万5000人であった。普通は沖縄の県民も軍に編入されていた数を含めて、日本軍の戦死者は9万人余と言われるが、その場合でも県民の死者は約10万人と言われる。アメリカ軍の戦死者は1万2000人であったという。いずれにしろ県民の方がはるかに多く亡くなっているのである。

海軍の防衛の責任者である沖縄方面根拠地隊司令官の大田実少将は、自決を前にして、海軍次官の多田武雄に最後の電報を打っている（6月6日）。歴史上有名な「沖縄県民斯ク戦ヘリ。県民ニ対シ後世特別ノ御高配ヲ賜ランコトヲ」という内容である。大田は本土決戦の過酷さを間接的に伝えたとも解釈できる。沖縄戦が終わった後の沖縄の人口は15歳から49歳までの男子が極端に少なくなった。逆に14歳以下が20％近くになっている。

その世代が今、高齢者の中軸である。心理学者、カウンセラーなどの近年の調査によれば、認知症になっても彼らは幼児期の戦争の記憶だけは忘れず、車の音や飛行機の音に異様に怯えて怖がるとの結果が出ているという。沖縄地上戦は今も高齢者の記憶の中に焼き付いているのである。

3つの和平工作ルート

沖縄戦の終結によって、戦争を止めなければ大変な状況になるとの認識が政治指導者や軍人の中にも広がっていた。その一方で、いやまだ本土決戦がある、国民が一丸となって戦い、本土決戦でアメリカ側に多大な損害を与えて、有利な状況で講和に持ち込もうというのが軍内の本土決戦派の主張であった。

沖縄戦の最中の4月7日に小磯国昭首相は辞任した。小磯の辞任は、蔣介石政府に通じているという汪兆銘政府の要人である「繆斌《みょうひん》」を通しての和平工作の打診があり、それに応じようとしたためであった。この人物に対して、天皇は疑問を持ち、つまりは実らなかった。小磯はその責任を取って辞任した。

しかし講和の方向は、政治指導者や天皇の間で次第に公然となっていった。その分だけ軍事の側の強硬派は本土決戦に固執していった。小磯の後を受けて誕生したのは、鈴木貫太郎内閣であった。

鈴木は天皇の意を受けて講和の方向に重心を移すのだが、一方で軍の強硬派をなだめるといった役割を担うことにもなった。沖縄戦の間に密かに進められていた和平工作は、主に海外での工作で、これには外交官や駐在武官が動いていた。海外にあって国家を代表する立場の者は、軍事的にもう日本が勝てないことを客観的に知っていた。当然ながら日本は降伏した方が損害が少なくて済むとの見方を取っていた。

海外の工作は大きく言えば、3つのルートが動いていた。次の工作である。

①スウェーデンを通じての工作

②スイスを通じての工作

③バチカン市国を通じての工作

これらの工作は、正式に国家の最高機関で承認された工作ではない。アメリカからの働きかけ、あるいは中立国の外交官による和平の誘いと言ってよかった。そしてこの他に、あえて④として、ソ連を仲介とする和平工作も挙げられる。

この工作は、日本の政府が軸になって進めた本格的な和平工作であった。天皇も了解しての工作であった。東郷茂徳外相は陸軍側とも話をつけ、元首相で外相も務めた広田弘毅をソ連の駐日大使ヤコフ・マリクと接触させた。

事態は少しずつ動き始めた。しかし日本側の見通しは常に甘かった。

6月3日、ソ連を通じての和平交渉は、奇妙な挨拶で始まった。広田弘毅は、ソ連がドイツを降伏させたことに敬意を表するところから始めた。その上でソ連とともに近い距離で居たいと申し出た。これに対してマリクは即答を避け、本国政府に伝えたいと応じた。しかし日本はソ連に対して常に敵対的であったとも付け加えた。こういうぎくしゃくしたやりとりが繰り返された。

それでも広田はマリクに対して、日本側が講和の仲介を頼みたいとの意思は伝えたことになる。マリクからすぐに返事がないので、2週間後の6月17日に食事に誘ったが、断られた。返答を焦っていたことにもなる。28日になって広田・マリク会談はより具体的に講和の仲介の条件を示すことになった。日本側は最高戦争指導会議などの決定で、ソ連に満州国の中立化や相互の不可侵関係の設定などを呼びかけた。いわばソ連に手の内を見せての仲介依頼とも言えた。マリクは本国政府に伝えると約束した。

その後、日本側がマリクと連絡を取ろうとしても、病気との理由で断られた。ここで面会につながる糸は切れた。7月に入ると、東郷外相は国策決定の路線に沿ってモスクワでも佐藤尚武大使に広田・マリク会談の結果の確認を急がせた。しかしソ連側の反応は極めて悪かった。

7月のある時期からは、米英ソの首脳会談がポツダムで開かれるとの情報も流れていた。その前に和平の目途をつけておきたいというのが、日本側の考えであった。そのためにソ連に特使を送る方向で、東郷は天皇の了解取りつけや陸軍への根回しを行った。それには近衛文麿に白羽の矢が立った。天皇は近衛に「特派使節として訪ソしてほしい」と頼んでいる（7月12日）。

このことはすぐに東郷から、駐ソ大使の佐藤に伝えられ、モロトフ外相に取り継ぐようにとの訓令が出された。佐藤はモロトフ外相に会うのを断られ、外相代理に伝えるのがやっとであった。近衛訪ソへの回答も遅れると伝えられた。

ヤルタ会談の「裏議定書」

モロトフ外相をはじめソ連の指導者は、ポツダム会談が7月17日から始まるのでその準備に忙殺されていたのである。そして日本側への回答のないままスターリンやモロトフらはポツダムに向かった。

その翌日（18日）、モスクワではソ連外務省の日本課長が佐藤に、日本側の申し入れは抽象的で不明点が多い、近衛特使の持ってくる和平条件を明確にしてほしいと回答してきた。いいようにあしらわれていたのである。

日本は知る由もなかったのだが、この年の2月のヤルタ会談では表向きはドイツを倒した後のヨーロッパの勢力図が話し合われた。だが実は「裏議定書」があった。それはドイツ降伏から3カ月以内にソ連が極東に第2戦線をつくるとの案であった。ルーズベルトはアメリカ兵の犠牲を少なくするために、ソ連に日本攻撃を呼びかけ、合意が出来上がっていたのである。

4月にソ連が日ソ中立条約の破棄（通告から1年間は有効）を通告してきたのはその一環であった。無論日本はそういう裏議定書について知らないからこそ、アメリカとの仲介を頼むという挙に出たわけである。

駐ソ大使の佐藤は東郷外相に対して、仲介のことをソ連により具体的に申し出るべきで、抽象的な言い方ではこの期に及んで意味がないとも伝えている。佐藤は早くから講和に持ち込み、国民が犠牲になるのを少しでも減らさなければならないではないか、とも東郷に打電している。それを受ける形で、東郷は7月21日に一定の条件をつけて講和の労を取ってほしいとの内容を打電している。ところがこれは3日後の24日にモスクワに着き、佐藤は25日にソ連の外務省の外相代理に手渡している。このズレについてはなぜなのかが不透明なままである。

そして翌日、アメリカ、イギリス、中国の指導者名で、日本に無条件降伏を呼びかけるポツダム宣言が発せられた。ソ連はまだ日本と交戦状態にはなかったが、8月8日に日本に宣戦布告をしたのちは、この宣言の中に名を連ねる形になっている。まさにドイツの敗北から3カ月目であった。

こう見てくると日本のソ連仲介案は、日本の政治、外交の失敗という姿が浮き彫りになってくる。実際にスターリンやモロトフは、日本が講和の仲介を頼んできているという話を、アメリカやイギリスへの駆け引きに使っている。一方でアメリカは原爆実験の成功をイギリスだけに伝え、ソ連の対日戦争への介入を抑えようと考えた節もあった。

どうして和平工作は失敗したのか？

ソ連を仲介とした日本の和平工作は失敗だったのだが、このことは何を物語っているのだろうか。ソ連を頼みとすることのおかしさも指摘できるが、一方で講和のプログラムをもともと持っていなかったことのツケが最終段階で現れたとも言える。

すでに述べたが、昭和10年代の首相で、外国の首脳と腹蔵なく話し合った者はいない。東條英機首相は話し合ったといっても、昭和18年の大東亜会議に出席したアジア地域の指導者とおざなりの会話を交わしたに過ぎない。開戦前にアメリカやイギリス、ドイツ、ソ連などの大国と首脳会談を行ってはいない。従って大国の指導者がどのように思考し、どのような戦略を持っているかを知らなかった。こういう甘さが最後の段階で現れたということであろう。

太平洋戦争の期間、日本の軍事、政治指導者が行っていた情報分析は、全て自分たちの都合の良い見方で進んでいた。開戦前に対米戦争に批判的ないし消極的だったのは軍人で言えば、特に昭和10年代の駐在武官経験者、そして国際協調路線の流れをくむ外交官である。戦争末期に講和に身を挺したのは中立国の駐在武官、そして駐ソ連大使の佐藤尚武のようなタイプであった。

スウェーデン、スイス、バチカン市国を通しての和平工作は、結局は全く実らなかった。歴史的視点でソ連を仲介とする和平工作と比較するならば、いずれも表街道に引き上げられるべき段階に達する前に消え去った。スウェーデンの駐日公使のウィダー・バッゲが任期を終え帰国することになったが、外相の重光葵《まもる》との間でアメリカ、イギリスに和平を持ちかけるというのがスウェーデンルートの工作であった。

スイスのルートは、中立国スイスのアメリカの情報機関に、日本大使館の海軍駐在武官の藤村義一が接触をこころみたケースだ。そしてバチカンルートは、アメリカの情報機関（OSS）の工作員がバチカンの日本公使に接触してきたケースであった。こういう3つのケースが効果的な役割を果たさなかったのは、日本側にこうした工作への国家的な統一見解がなかったからだ。

軍事の側の威圧を恐れ、外務省もいずれの側の工作にも不安があったということになる。バッゲのルートは雲散霧消。スイスでの藤村の接触にはアメリカ政府は、その立場が明確でないかぎり対応するなと命じている。軍事政策での日本降伏を考えていたからだ。

バチカン工作は無条件降伏の要求であったから、外務省と政府は無視することになった。

ソ連の仲介よりも可能性のある工作はこの3つの中にあったと思われるが、その検証は戦後も行われなかった。

本土決戦派に引きずられた、ポツダム宣言の「黙殺」

アメリカ、イギリス、そしてソ連の首脳によるポツダム会議は昭和20（1945）年7月17日から8月2日までの間、開かれた。ドイツの敗戦後の占領について討議されているが、この議題の後はまだ戦い続けている日本に対してどのような案を突きつけるかも重要なテーマであった。すでにアメリカの国務省を中心に大体の腹案は出来上がり、日本を占領するにあたり、天皇を温存させるといった方向でもあった。

基本的にはこの腹案は中国の蔣介石総統にも見せて了解を取り、7月26日に発表された。付け加えておくが、ソ連はこの討議や宣言の内容について、意見を求められていない。アメリカ、イギリス、中国の三国共同宣言として発表された宣言文の控えを見せられただけだった。この宣言は全体で13条からなり、日本の侵略を批判、占領軍の日本支配、戦争犯罪人に対する処罰などを明言し、そして第13条で日本国軍隊の無条件降伏を謳っていた。

この宣言はアメリカのラジオ放送で世界に伝えられた。無論日本でも各機関がこの宣言を聴いて翻訳している。その訳は、各機関によって少しずつ異なった。具体的には外務省、陸軍省、海軍省、それに日本放送協会と同盟通信社が作っていた海外向け放送の4カ所で訳文が作られた。

言うまでもなく、軍部の訳は日本を極端に奴隷のような位置に追い込む表現になっている。逆に外務省の訳文はごく穏健な訳文になっている。当然ながら、鈴木貫太郎内閣は外務省の一般的な訳文を採用し、事態に対処しようと試みた。後に日本の政治指導者や軍事指導者の間でこの亀裂が明らかになっていった。しかしポツダム宣言が発表された時は、鈴木首相は外務省などの要望よりも、軍事指導者の意をくむかのごとく、「我々は黙殺する。戦争完遂に邁進する」と発言している。

この黙殺は「日本拒絶」と訳されて外電で世界に発せられた。まさにポツダム宣言など全く無視するとの意思表示であった。こういう強い調子になったのは、政治指導者の内部に積極的な本土決戦派がまだまだ多かったからと言ってよかった。この間、日本が世界へ発信する手だてを持っていなかったのも理由のひとつであった。

しかし8月6日に広島に原子爆弾が投下された。9日には長崎に2度目の爆弾が投下されている。そしてやはりソ連は、9日午前零時をもって日本との間で結んでいる中立条約を破棄すると伝えてきた。なんのことはない、日本は国際社会で全くの孤立状態であった。ここに及んで日本は戦争継続よりも和平に応じることになり、ポツダム宣言の受諾について最高戦争指導会議や御前会議で意見の調整を図った。

「陛下、ご聖断をお願い致します」

天皇は広島への原爆投下について、すぐには知らされていなかった。6日の夜、大本営は侍従たちに連絡し、この日以後、宮中に造っている大型爆弾用の防空壕に天皇を誘導せよと命じた。

天皇はどこかに超大型の爆弾が投下されたことを知ったようだが、侍従の岡部長章に「なぜこの防空壕に入らなければならないのか」と詰め寄っている。岡部は答えられない。天皇は、超大型爆弾とは広島への原子爆弾だと気がついたようであった。7日になって、天皇は外相の東郷茂徳に「このような兵器が使われるようになっては、もう戦争を続けることはできない。戦争の終結を考えよ」と伝えている。信頼を寄せる鈴木貫太郎首相に、早く終戦に持ち込みなさいと命じたに等しい。

それを受けて鈴木は、9日になって最高戦争指導会議、続いて天皇が出席しての御前会議を開いた。御前会議でも天皇制の維持が十分に保障されていないと、軍部はポツダム宣言の受諾に反対した。判断は3対3に分かれた。受諾派は東郷外相と平沼騏一郎枢密院議長、米内光政海相。受諾反対派は阿南惟幾《これちか》陸相、梅津美治郎参謀総長、そして豊田副武《そえむ》軍令部総長であった。

夜が更け、日付が変わり、10日未明になっていた。鈴木首相は議長役であえて表決に加わらず、「陛下、ご覧のように3対3になりました。ご聖断をお願い致します」と申し出た。天皇は東郷の意見に賛成であると伝えている。こうしてポツダム宣言の受諾は決まった。

ただし、この宣言の文案では、国体護持がはっきりしないので、それをアメリカ側に問い合わせることになった。それを確認して受諾を決定するというのであった。

鈴木首相があえて天皇に確認したのは、天皇の意思が戦争終結にあると知っていて意図的にご聖断を仰ぐという形を取ったのである。この決定は中立国のスイスとスウェーデンを通じてアメリカ政府に伝えられた。国体護持が保障されているとの前提で受諾する旨の注釈をつけての伝達である。アメリカ側の回答は、12日になって送られてきた。これは国務長官の名を取ってバーンズ回答と呼ばれた。その一節の訳文を巡って新たな対立が起こった。

そして――8月14日午前11時

バーンズ回答は、日本側の問い合わせに明確には答えていない。どうぞ日本側でご自由に解釈しなさいというのが、その本意であった。この回答の中で、天皇の地位に関する英文の一節に「ｓｕｂｊｅｃｔ　ｔｏ」という語があった。天皇の地位は日本占領に当たる連合国最高司令官の下に隷属するというのが本来の訳なのだが、陸海軍の本土決戦派はこれを奴隷のような屈辱的な意味に解釈し、8月13日朝8時に参謀総長と軍令部総長が天皇のもとに参内してその旨を伝え、講和に反対、本土決戦でと申し入れた。

天皇はうなずいていない。むしろ本土決戦派のこういう狡猾な行為に不快感を抱いた節もあった。政府を代表して天皇の前に進み出たのは、東郷外相であった。外務省は、先の一節を「一定の制限のもとに」と抑制気味に訳している。ある程度その権限は制約を受ける、といったニュアンスである。天皇はそうした訳に一喜一憂したわけではなかったが、東郷に「一刻も早く受諾せよ」と内閣の奮起を促す口ぶりになった。鈴木内閣はこれを受けて、天皇の意を確認するため14日の午前11時に再度の御前会議を開き、天皇はポツダム宣言の受諾を受け入れることを明言した。

本土決戦派の軍人たちは、この宣言では日本の国体護持も崩れると激しく反発した。天皇はそういう論を吐く軍事指導者、例えば阿南陸相などを制するように、「心配しなくていい。朕には自信がある」と答えている。その上で国民には自身がマイクの前に立って呼びかけてもいいと言っている。天皇の終戦の意志は極めて固かった。

こうして大日本帝国は敗戦を受け入れることになった。しかし14日午後から15日正午の玉音放送までの日本はまだまだ大きく揺れた。敗戦に納得しない軍人の間にはクーデターによる軍事政権の樹立や、天皇の録音盤を奪取して玉音放送を行わせないようにしようとの動きもあった。しかし本格的なクーデターは起こらなかった。

その一方で、アメリカ軍の飛行機から各地にビラが撒かれた。そこにはポツダム宣言の内容が書かれ、日本には戦争に懐疑的な人々も多いと具体的に政治家の名前を挙げての世論工作が行われた。

そして8月15日正午に、玉音放送が全国に流れ、日本は敗戦という結果で太平洋戦争を終えた。作家の高見順がこの日の日記に書いている。夏の太陽の照りつける日、「烈日の下に敗戦を知らされた」。

敗戦は猛暑とともにやってきた。

第4章　歴史の闇を照射する記録と証言

（1）「爆撃調査団」が調べ上げた数字

日本全国で公文書を燃やす煙

昭和20年8月14日の夕方から15日にかけて、日本の官公庁や外地の日本政庁、日本軍関係の建物からは書類を焼く煙が上がり続けた。戦争関連の書類を全て焼却せよとの命令が発せられたのである。

大本営の命令に政府も応じたというのが実態であったが、ポツダム宣言を受諾した以上、その条項の中に戦争犯罪人を裁くとの一項があり、これを恐れての公文書焼却であった。この戦争へのプロセスやその実態を国民に伝えるとか、後世の児孫に残すといった発想は全くなかったのである。

しかも書類で焼却を命じたら証拠が残るというので、地方の村々では役場の吏員が自転車で隣村に駆けつけて焼却命令を口伝えに伝えていた。

日本の戦時指導者はこの点でも国民を侮り、次代の者を愚弄していたことになる。このことは、戦時指導者がたとえ根拠のないことで批判されても受け入れるといった意味にもなった。

しかし現実には資料焼却は、東京裁判（極東国際軍事裁判）の法廷であまりにもバカバカしい光景を生んだ。東京裁判で、ある被告がある訴因に該当すると検事団に追及された時に、その被告は自分はその訴因に該当しない、しかしそれを裏づける文書は焼却してしまったという反論文書を提出したのである。その反論文書とは、ある官庁の課長が焼却の事実を伝えた内容であった。むろん裁判長はその文書をすぐに却下している。

日本の戦時下の数字を日本側は全く示すことができない。では我々はどこの数字を用いて戦争の総括をしているのであろうか。実はアメリカ側の調べた数字を使っているのである。

アメリカ政府はドイツを敗戦に追い込んだ後に、大統領の命令で「爆撃調査団」を組織して、ドイツの敗戦に至る過程で戦略爆撃のどういう点が致命傷を与えたのか、報告書を作り陸軍省や海軍省に提出せよと命じた。戦争を終結させる有効な手立ては何かを明らかにせよというのであった。

加えてアメリカの納税者に対して「あなたたちの税金で、こうして『敵国』を屈服させた」との報告の意味も持っていた。日本敗戦後は日本降伏の実態を調査せよと戦略爆撃調査団は日本にも送られた。

戦争終結から1カ月ほど後に調査団は東京にやってきた。当初は文官300人、将校350人、下士官500人、彼らは早速日本のあらゆる官庁に入っていった。資料が焼却されている、と知ったスタッフは激怒した。

調査団のスタッフは、まず全国の村々にまで調査の網を広げた。調査団は最高司令官のダグラス・マッカーサーに命令を出すことを要求できたので、日本の全ての官庁、産業団体、軍事団体に次々と資料を出すようにと命じた。同時に調査団の団員が村々に入り、資料があるかないかを直接確かめることがあった。そういう調査で、長野県のある村には大政翼賛会の文書が焼却されていないとか、鹿児島県のある村には徴兵制の資料が残っているといった具合に次々と資料を発見していった。

一方で各官庁は、こういう資料を提出せよと言われて、改めて資料作りに精を出している。資料が曖昧だったり、不十分な場合は責任者がGHQに呼び出されて厳しく尋問された。戦略爆撃団の調査の意図がわからずに恐怖心から逃げたり、虚偽の証言をして追い詰められたりというケースもあった。どれだけの資料が集められ、どういうふうに利用されるのかわからないために、尋問を受けた者たちは一様に震え上がったというのだ。

最終的に調査団は、日本側の調査員も使い、延べ8000人のスタッフで報告書をまとめたとされている。110種類余の報告リポートが書かれたという。調査団の本部からは「太平洋戦争の総合報告」「日本の終戦への闘争」「広島長崎における原子爆弾の効果」などの膨大な報告書が出された。あとは「シビリアン」と「ミリタリー」に大別され、前者では日本の国力が丸裸にされている。後者は戦争のプロセスや軍人への尋問調書などで構成されている。

この中でいくつかのリポートは日本でも翻訳されて刊行されている。例えば、「太平洋戦争の総合報告」の中から基礎的な戦時経済の資料部分を抜き出して、『日本戦争経済の崩壊』(昭和25年刊　正木千冬訳)として刊行されている。ここには企画院や軍需省のあらゆる統計が収められている。こうした国力を表す数字を全て調べ上げ、その数字の持つ意味などが詳細に解説されている。

この書の第1章は「真珠湾への道」となっているのだが、そこには次のように書かれている。

「日本の戦争能力をほんの一瞥《いちべつ》しただけでも、日本が合衆国との戦争を決意したのはそもそも正気の沙汰だったのかという疑問がすぐに浮かんでくる」

その上で、誤算と冒険的狂気との間に線を引くのは困難であると言いつつ、冷静に分析すると、「日本軍閥の誇大妄想的膨張主義」のせいだと言いたくなるとも指摘している。

「手から口へ」の日本経済

日中戦争についてもこう分析している。

「1937年の華北進出は大戦争になるという予想なしに行われたものであって、これは本調査団が行った多数の日本将校の訊問によって確証されるところである。当時国策の遂行に責任のあった者達が堅く信じていたところは、中国政府は直ちに日本の要求に屈して、日本の傀儡の地位に自らを調整してゆくであろうということであった」

調査団は、日本の軍事指導者が中国に軍事的威圧をかければ思う通りになると考えていたことに驚いている。実態は4億の国民を軍事的に支配することが可能な「人力もなければ、資源も（日本には）なかった」のである。日本が望んだ「中国市場の独占」など全く不可能だと断定している。陸軍は中国に駐屯するという事実のみで、日本国内の権力を維持していたに過ぎないと分析する。広大な中国の地に駐在するのは戦略や国益ではなく、陸軍の「政治権力の均衡」に過ぎなかったとの見方は、やはり当たっていたと言うべきであった。

そしてやがてドイツ・イタリアとの三国同盟に入り、調査団は軍事指導者に対して、なぜヒトラーに惹かれていったのかを執拗に質したようである。「東京はヒトラーが日本を犠牲として英米と妥協するかも知れぬという可能性」を恐れていたことがうかがえるとしていた。それを避けるために「ヒトラーのお慈悲にすがる」代わりに、とにかく日本はどんな領土でも占領して併合する以外にないと考えたと記述している。

日本の経済は1930年代に単年度で見ていくと、満州を傀儡国家にすることで決して悪いわけではない。しかし戦争を長期的に戦うだけの経済力などはない。基本的に重大な欠陥も抱えていた。

「すなわち、食料の何割かと重要な基礎的原料と近代工業の血液と言うべき石油を海外に依存している」ことであった。日本は本質的に「小国」であり、輸入原料に依存する「貧弱な国」であり、「手から口への、全くその日暮らしの日本経済には余力というものがない」。

こういう国は戦争を行うにあたっても戦略はひとつしかないという。緒戦で相手を叩いて、戦意をくじき講和に持っていくしかない。41年12月7日（ワシントン時間）の真珠湾攻撃はその戦略を用いた。しかし戦略は失敗した。なぜならアメリカが受けて立ったからであった。その瞬間に日本の敗戦は決まっていたというのだ。

（2）日本本土への攻撃作戦

まず南九州がアメリカの陣地になる

調査団の各種調査の報告を読むと、開戦から半年ほどですでにアメリカは圧倒的な軍事力で優位に立っていたことがわかる。その差を自覚することが、日本の軍事指導者にはなかったと言っていいであろう。確かに一時的に優位に立つ戦闘はあった。だが、アメリカ軍が戦備と兵員を増強してくればたちまち逆転される状況になった。

それにしても、アメリカを中心とする連合国と3年8カ月も戦う理由は何だったのだろうか。そして、なおまだ本土決戦を続けようとした根拠はどこにあったのだろうか。爆撃調査団の結論などを見る前に、アメリカ軍の日本本土攻撃作戦はどのようなものであったか、改めて見ておくことも必要だ。

沖縄に続いての本土侵攻作戦は、一般には「ダウンフォール作戦」といわれた。この作戦は広島に原子爆弾を投下したころから、次なる作戦として動き始めていた。厳密にはこの年（昭和20年）の4月ごろから、マッカーサーやニミッツ海軍元帥には詳細に知らされていたというのである。つまり沖縄を制圧してからの次の作戦だったのだ。

ダウンフォール作戦は、「オリンピック作戦」と「コロネット作戦」の2つからなっていた。この2大作戦は、いずれも日本本土への上陸を目指す作戦で、日本軍の本土防衛体制を徹底して破壊するとなっている。

オリンピック作戦は、昭和20年11月1日に開始することになっていた。鹿児島県の吹上浜、志布志湾、そして宮崎と三方から攻撃を行うというのである。この図面を見ると、吹上浜には2個師団、志布志湾には5～6個師団、そして宮崎には3～4個師団が送り込まれることになっていた。この作戦の目的は、九州南部に70マイル(約112キロメートル)に及ぶ長大な占領地域を確保することであった。つまり南九州一帯にアメリカ軍の陣地を構築するという構想であった。そのために65万人の兵員が動員されることになっていた。

アメリカはヨーロッパ戦線でドイツの各地を占領してベルリンに迫ったが、オリンピック作戦のあとは南九州の航空基地をフルに使い、関西、関東を攻撃していくという構想であった。この作戦につぎ込むアメリカ軍の航空機、戦車、砲弾、銃器などはどこの地域でも戦闘を行っていないので、ふんだんに使用される予定になっていた。しかも日本側を混乱させるために四国を攻撃する部隊などの陽動作戦も計画されていた。このオリンピック作戦を成功させて、翌昭和21(1946)年3月1日に相模湾を攻略し、東京に迫るコロネット作戦が発動されることになっていた。ヨーロッパ戦線で戦った精鋭部隊が休暇を終えて上陸してくるのである。

九十九里浜と相模湾から東京へ侵攻

だがコロネット作戦は実際は行われないだろうとアメリカ軍の首脳部は考えていたという。日本がどれだけ特攻戦術を用いてきても、九州を制圧すれば日本は戦争それ自体を継続できないと考えていたのだ。トルーマン大統領（5月にルーズベルトが死去し副大統領から昇格）にもそのような見通しが伝えられていた。ただし、トルーマン大統領には伝えられなかったといわれているのだが、この作戦は「はるかに恐ろしい作戦」（『日本殲滅』トーマス・アレン、ノーマン・ポーマー共著、栗山洋児訳）といわれていたのである。つまり、あらゆる兵器を使うとの意味であった。

この作戦は、まずアメリカ軍の第1軍が千葉県の九十九里浜に上陸する。そして東京や木更津、銚子の3方面に侵攻する。3月11日には相模湾に上陸した部隊は横須賀、横浜、東京、そして熊谷方面を目指すのである。さらに兵員を補充するためにヨーロッパから歩兵師団や空挺師団なども投入される予定になっていた。アメリカ軍はこの作戦に57万の兵士を投入して、何としても戦争を終わらせる考えであった。日本軍の特攻作戦によってアメリカ兵の犠牲が増え、世論が厭戦的になることを懸念してのことであったが、そのためにこの作戦の実施前に次のようなことを行うと、前掲の『日本殲滅』にある。

「本州上陸が始まるころまでには、日本の上空はトワイニングとドーリットルのＢ29、ケニーのＢ24とＢ32、戦闘機と小型爆撃機や中型爆撃機、ハルゼーの１０００機の艦載機、さらに海兵隊の航空機によって覆いつくされることになる。米航空艦隊はたいした抵抗を受けることなく日本の都市、町、交差道路、鉄道、貯蔵施設、そのほか情報機関がなんらかの軍事的価値ありとみなすターゲットをことごとく乱打し終わっているだろう」

昭和21年1月には17万トン、そして3月には22万トンの爆弾が投下される予定であった。１９４４（昭和19）年の1年間にベルリンに投下された爆弾の4分の1が3月だけで投下される。日本の街々をほとんど丸裸にする予定であった。ソ連は対日参戦をしているのだから、北海道はこのころはソ連軍に占領され、日本は「米国とソ連の占領地帯」に二分されることになる。

こうした戦略に日本も本土決戦作戦で対抗するだろう。アメリカ側も、東京の戦いは凄惨な状況になると見ていて、日本の軍部は徹底抗戦を続けるとも予想していた。最後は日本が毒ガスを使うと見ていて、そうなればアメリカも毒ガスを使うと判断していた。まさに日本人は絶滅の段階にまで追いやられる予定になっていたのである。昭和20年8月15日での敗戦はまさに救国と言えた。

もし本土決戦を行い、昭和21年3月1日からのコロネット作戦の後で日本が降伏したならばどんな状況になっていたであろうか。前掲の『日本殲滅』は、日本が降伏を受け入れず、軍事クーデターが起こり、戦争が継続したら、どれほどの人々が犠牲になったか、と問うている。トルーマン大統領のもとに届いていた陸軍の数字は、アメリカ軍の戦死者は50万から100万人で、日本も戦闘員、市民を巻き込んでそのくらい死ぬであろうとの内容であった。しかしこの数字は原爆投下を正当化するためのもので、自国兵士の戦死者を数十万人も多く表現していると囁かれていた。こうした戦死者の予測数字が多いのは、軍首脳が多くの爆弾を使ったり、生物兵器の実験場まがいにするための言い訳として考えていたためであった。『日本殲滅』ではこのようになっている。

「(ダウンフォール作戦で) 恐らくは数百万もの日本人兵士と民間人が死亡したであろう。毒ガス、それにたぶん細菌兵器や穀物破壊化学物質など戦争の兵器が日本の国土を脅かし、2発の原爆が引き起こした荒廃を上回るハルマゲドンの中で戦争は終結していただろう。8月末までには3発目の原爆がいつでも使用できる状態になっていた。恐らくそれも日本の別の都市に落とされていたであろう」

日本側の研究書では、本土決戦が1年続いたら、日本人に1000万人の餓死者が出たとも推計されている。

（3）山本五十六最期の謎

墜落後も生きていた

連合艦隊司令長官・山本五十六の最期（昭和18〈1943〉年4月18日）をめぐる「隠蔽工作」について述べよう。

山本の戦死はしばらくは伏せられていた。国民に与える影響が大きいという理由からであったが、しかし現実にはその噂は少しずつ国民に知られていった。

大本営は5月21日に「山本五十六は本年四月前線において全般作戦指導中敵と交戦飛行機上にて壮烈なる戦死を遂げたり」と発表した。海軍は1カ月余も隠したが、それ以上は無理だったのである。翌月の5日には日比谷公園で国葬が営まれている。

5月の大本営発表はあえて「飛行機上にて壮烈なる戦死」と表現した。そこには複雑な意味合いが込められていた。「撃墜され」という表現は避けたかったのだろう。この報道には山本の死の様相についての「配慮」があり、そのことで約30年後に騒がれることになった。

騒ぎとは、ある軍医が残した資料をもとに山本五十六は機上で亡くなったのではなく、墜落した後もしばらく生きていたと思われるという説が囁かれたことである。この軍医は陸軍の軍医だったが、現地の捜索隊の一員として山本の遺体を検分していた。そのため軍医は以後は激戦地に送られ、死ぬことを命じられたかのような配属が続いたというのであった。実際にニューギニアで戦死している。

山本の乗った機では墜落時に何人かが存命していたということは、ひそひそ話では語られていた。ブーゲンビル島に駐屯する陸軍の部隊が煙を吐いて落下してくる日本機を目撃している。陸軍の捜索で第6師団第23連隊砲兵中隊の一行が最初に発見した。彼らはそれが山本機とは知る由もないため一般的な救助活動を続けた。しかし彼らもその後は激戦地に送られた。口封じであったのだろう。

以前、ある海軍の軍人から、当時海軍省軍務局がまとめた「山本元帥国葬関係綴」という資料が、しかるべき場所に残っていると聞かされた。彼は一度この内容が公表されるべきだとも言う。

私はコピーを入手し、一読して驚いた。前述の第一発見者の砲兵中隊の兵士たちの証言が記録されていたのだ。墜落現場の見取り図があり、それぞれどういう位置で、どのような姿で亡くなっているのかが記録されていた。墜落現場のAは山本、Cは軍医長、Fは副官などそれぞれの遺体が書き込まれている。

　Aについては、「軍刀を左手にて握り右手をそれに添え機体とほぼ並行に頭部を北に向け左側を下にした姿勢で居られました」（原文はカナ）とある。とても機上死とは言えない姿勢である。

関係者は激戦地に行かされた

　この報告書はもともとは南東方面艦隊司令部が第一発見者から聞き取り調査を行い、それを文書化して海軍省に送ったようであった。発見したのは前述の砲兵中隊の隊員たちである。その時の責任者は砲兵少尉であった。仮にHとしておこう。このHらの証言が、南東方面艦隊司令部の報告書の主要部分で、それによると山本五十六は座席のクッションに腰を乗せていたとある。

　この報告書はかなり具体的に記述している。山本はクッションに腰を乗せ横たわっていたわけだが、胸のあたりから血が出ていたとある。その上で軍医長や副官などの遺体は腐敗が激しく、全身に蛆《うじ》が湧いているのに山本には口と鼻の付近にわずかの蛆が湧いているに過ぎないという状態であった。こうした状況がこまごまと書かれているというのは、発

ブーゲンビル島に向かう前の山本五十六・海軍大将（死後元帥）＝昭和18（1948）年４月、ニューブリテン島ラバウル

見者たちが途中から山本の死体だと気がついて現場の保存や検分をかなり慎重に行ったからだとも言えた。

　私はこの報告書を丹念に読んで、次のように推測した。

〈山本の乗った1号機が攻撃を受け、撃墜されたのは18日の午前7時40分ごろ（現地時間）である。砲兵中隊のH少尉らが発見したのは19日の午後2時ごろである。30時間余が経っている。南東方面艦隊司令部の海軍側の捜索隊が現場に着いたのは19日の夕方というのだ。30時間余を経ての山本の死体の蛆の湧きかたは極端に少ない。軍医長や副官とてそれだけの時間があれば全身が蛆だらけになっていたはずだ。つまり山本らはブーゲンビル島のジャングルの中に墜落したときは、生存していたのだ。軍医長も副官も皆重傷を負っていたにせよ生きていた。２人は山本のもとに這うようにして近づき、やがて命が尽きた。山本は座席に座り中腰で軍刀で身を支えつつ亡くなったという光景が浮かぶ〉

南東方面艦隊司令部は陸軍の第一発見者の証言をそのまま伝えてきたのだが、海軍省はこういう事実は全て伏せた。そして大本営発表で事実とは逆に即死という偽りを国民に伝えた。

私はHの消息を捜し、九州の故郷の住所を確かめた。連絡を取ると昭和60年に死亡していた。地元のローカル紙に体験を語っていた。目撃者や関係者は大体が激戦地に送られたが、Hもそうだったようだ。

「彼は第一発見者で人生が変わった」

とローカル紙記者は語った。

軍事指導者は真相の隠蔽に躍起となったのである。

「1年か2年は暴れて見せます」の真意

山本五十六の戦死は、単に海軍の軍事指導部のひとりが亡くなったというのとは比重が違う。どういう意味か。

山本の死で戦争を、政治と戦闘の組み合わせで考えることができる指導者がいなくなってしまったのだ。戦闘しか考えない軍事指導者は、つまるところ「戦争とは勝つまで続ける国家的行事」と認識している。

彼らは昭和18年4月がどういう状況なのかという国際情勢をまったく見ていなかった。ドイツ、イタリアと枢軸体制を組んでアメリカ、イギリス、それにソ連を加えた連合国と戦っている状況を精密に分析していない。連合国が1943年夏ごろから反撃してくるということだけを信じ込み、すでに反攻を始めているのに、その現実から目をそらしていた。

山本の亡くなる3カ月前の1月に、アメリカのルーズベルト大統領とイギリスのチャーチル首相は今後の連合国側の対応を話し合っている（カサブランカ会談）。戦況は連合国に有利に展開しているという点で一致し、ドイツに攻撃をかけ壊滅を目指すとしている。日本に対しては積極的な作戦に出るよりも、日本が東南アジアに占領地を増やしてきたが、それぞれの地への補給、兵站を断ち切るために輸送船を徹底的に叩く。つまり占領地を孤立させる方向で一致した。日本の戦力を支える国力を衰弱させるというのであった。長期戦で国力に限界がある日本を動けないようにする戦略である。ルーズベルトもチャーチルも、スターリンがドイツ軍を主要都市で屈服させている状況やドイツ軍のイギリス攻撃への反撃、ロンメル戦車団を撃破など連合国の勝利は間違いないという点でも一致している。

日本の軍事指導者の中で、このような状況を踏まえた上で戦闘とは別に政治や外交を動かして戦争の終結を考えた者はいない。山本はこの両面で戦争を捉える軍事指導者でありえた。

山本の戦略はガダルカナル島やポートモレスビーなどを攻撃する「い号作戦」を成功させ、海軍の戦力をサイパンなどのマリアナ諸島まで下げて防衛線を固める。そして戦力の質を高める。その間に講和などの外交交渉、または政治工作を進めて戦闘を抑えるといった方向を目指していたのではなかったか、と私には思える。

山本は開戦前に「1年か2年は暴れてみせます」と言った。その意味は、戦闘はその程度で限界となる、それと並行して政治や外交を期待したいというものだった。だが山本はそれを託すべき人物が、開戦を決定した軍官僚の中にはいないことを知っていた。山本が墜落時に生存していたとするなら、その無念さを感じつつ意識を閉じたのではなかったか。

私はそう思えてならない。

(4) 出陣学徒代表、70年後の述懐

「生等もとより生還を期せず」

日米開戦後、戦線が伸び、戦死者が増えた。当然なことに兵士の数は少なくなる。それ

を補うために考えられたのが、学生、生徒の徴兵猶予令の停止、あるいは女子勤労動員の促進であった。国民全てを兵力に組み込むというのであった。学徒出陣は文部省の主催で壮大な式を行い、国民に事態が容易ならざる状況であることを知らしめた。

昭和18（1943）年10月21日に明治神宮外苑競技場で行われた「出陣学徒壮行会」には東京帝大、早稲田大学など東京と近県の大学、専門学校など77校からの出陣学徒が集まり、競技場を行進した。当時の写真を見ると、この陸上競技場のスタンドには、都内の女子高校生や後輩学生など5万～6万人が集まっている。学徒は制服制帽にゲートルを巻き、剣のついた銃を担いで行進をするのである。正面の壇上には東條英機首相と岡部長景《ながかげ》文部大臣、さらに教育関係者、軍事指導者たちが並び、学徒たちは閲兵を受けた。

この日は朝から雨が降っていたためグラウンド内に水たまりができていた。泥水を浴びながら黙々と歩き続けた。確かに悲壮な行進であった。出陣学徒はどのくらいいたのだろうか。それは軍事秘密で明らかにされることはなかった。しかし約2万5千人の学徒が明治神宮のグラウンドを行進したことは間違いない。大阪、京都や北海道など各地でこの種の壮行会は行われた。総勢では約10万人の学生が教室から戦場に赴いたと推計されている。

明治神宮外苑競技場での行進を終え、東條首相の激励の辞の後で、出陣学徒を代表して東京帝大の江橋慎四郎が答辞を読んだ。次のような内容であった。

「生等《ら》今や見敵必殺の銃剣を提げ積年忍苦の精神研鑽を挙げて悉く此の光栄ある重任に捧げ、挺身以て頑敵を撃滅せん、生等もとより生還を期せず」

格調の高い答辞であった。会場に「海ゆかば」などの合唱が起こり、異様な興奮状態がつくり出された。そして学徒たちはまた隊列を組んで競技場を一周して出口から退場していった。当時のニュースフィルムを見ると、退場していく学徒たちにスタンドの女子学生のほとんどはハンカチを振り、涙を流して絶叫している。その中には「帰ってきてね」という声が少なからずあった、と学徒兵の一人は証言している。戦死を強要される時代、決して口にしてはいけない言葉だったのである。

雨をついて挙行された出陣学徒壮行会＝昭和18（1943）年10月21日、明治神宮外苑競技場

答辞を読んだ東大生の悪い噂

学徒出陣は悲劇として、戦後も語られてきた。

その半面、出陣学徒を代表して答辞を読んだ東京帝大の学生には不当な噂が流された。確かに戦場で亡くなった学徒も多いのだから、誰かにその不満をぶつけたいとの心理もあり得た。戦後すぐに、この学生はあの答辞を読んだ見返りに即日帰郷となり、軍隊生活を送らなかったという噂が流された。あるいは特別扱いを受けて戦地に送られなかったとも囁かれた。

当の学生、江橋慎四郎はこういう声に一切反論、抗弁はしなかった。江橋は、日本の体育学を体系立てた人物で、戦後は東大教授から新設の鹿屋体育大学の学長になっている。江橋に対しての批判の中には、極めて感情的な意見を吐くグループがいた。それが表面化したのは、わだつみ会(日本戦没学生記念会)を率いていた山下肇東大名誉教授が、平成5(1993)年に刊行された『学徒出陣五十年』の中で「宣誓学徒のその後」と題して次のように書いたからだった。

「なんとその東大生は、聞くところでは、いわゆる『即日帰郷』で入隊しないで帰宅を許されたそうで、病気が理由かどうかそれはわからない。当時一般の『即日帰郷』は病気の場合もあったが、裏口の特権的ケースも少なくなかったようだ。(以下略)」

山下はいかにも弾劾するとの筆調で、噂話をよりどころに、この人物は戦後はわだつみ会に入るべきだ、と奇妙な論で江橋の沈黙の姿勢を批判した。これに対して江橋の戦友たち11人が、そんなことはない、彼は空軍教育隊に属して各地の航空隊を回り、終戦は滋賀県八日市で迎えたことなどを明らかにした。「即日帰郷」などあり得ないというのである。江橋も50年ぶりに新聞記者の質問に答え、あのときの状況を語った。

それを受けて山下は即日帰郷については撤回したが、江橋が新聞記者に語った言（今、私は貝になりたい心境だ）を捉え、「この『宮仕え』体育系官僚」の発言が「日本人のモラル意識を逆立ちさせている」と本質とは異なる視点で批判している。出陣学徒の答辞を巡る感情的な背景には、太平洋戦争の総括を巡る心理的葛藤や思想上の対立があるということであろう。実は私は江橋に会って、その心中や彼の戦後の生き方について4時間余にわたり話を聞いたことがある。あの答辞はいかに作られたのか、そこには当時の東京帝大教授のどのような思惑があったのか、そんなことが浮き彫りになってくるのである。そのことを語っておくべきであろう。

私が江橋慎四郎に会ったのは２０１２年の夏だったように思う。湘南地方のある街に住んでいたのだが、年齢は90歳に達していた記憶がある。青年期からさまざまな運動で鍛えただけに、老いを感じさせない強健さが全身からあふれていた。

「出陣学徒の壮行会で答辞を読んだのは、全くの偶然なんです。当時、東大の中には運動会という名の運動部の上部団体があって、私は文学部から出ているそこの役員だった。それで壮行会の代表は、文学部からとなり、私は教育科で海後宗臣《ときおみ》先生のゼミだったんですが、海後先生がこの委員会の役員でもあり、君がやりなさい、となったんです」

優秀だからとか希望を出したとかではなく、街を歩いていて交通事故にあったようなものだと、江橋は述懐していた。それで文書を作れと言われたけれど、簡単な文章を持って行った。「こんなものダメだ」と言われて、国文学の教授が改めて書き直してくれた。

「教授の名前？　忘れたよ」

うまく書いているなあと思いはしたが、私はそれを読んだだけ、と言う。「勧進帳を読んだようなものだった。感動なんかない」と繰り返した。

江橋は、あの戦争の時代にあれを読まされただけで、その内容は当時の大学内や戦時下社会の空気をそのまま表していたともいう。自分は、読まされたという段階で終わっていて、あの時点で完結していたというのである。東條首相の前であれを読むとき、緊張したというが、「東條も能面のような顔をしていたのが印象に残っている」とも付け加えた。

江橋との会話を進めていくと、戦後は東大内部で左派系の教官が江橋を軍国主義者と批判してきたという。しかし江橋は、教授、学長時代も一切反論しなかった。即日帰郷というデマも飛ばされた。沈黙はあの時代の軍事主導のあり方に批判を持っているからだった。左派系教授たちの論理とは違う視点での批判であった。あの文章を読まされたつらさは、確かに江橋自身にしかわからないのだ。

「青年の命をあんな形で戦場に送り出す軍事指導者の考えは単純そのものです。戦争は限界にきていたのではありませんか」という彼の言葉は、歴史に残さなければならないほど重みがある。

(5) 極秘電報を握りつぶした瀬島龍三の弁解

最初に見抜いた堀栄三が「戦果を確認すべき」と

台湾沖航空戦の「戦果」が全くの虚報であったことを前章で述べた。この情報をもとに行われたレイテ海戦で日本は壊滅的な敗北を喫したわけだが、この虚報はどうして起こったのか、それを陸軍が全く知らなかったというのは事実なのか。ここに隠されている事実を明らかにしておきたい。

前章で触れたが、大本営陸軍部の情報部で最も若い参謀に堀栄三がいた。堀は太平洋戦争が始まった頃に陸軍大学校を卒業して情報部に配属されていた。31歳になっていた。堀は情報の分析に先天的な鋭い能力を持っていて、個々の情報の裏側を正確に読み抜く直観力を身につけていた。私は太平洋戦争の分析に興味を持つ次世代の者として、堀からは多くのことを教えられた。昭和50年代の終わりから亡くなる平成7（1995）年6月まで行き来したが、一つずつの戦闘について克明に教えてくれた。

実は私が堀と初めて接触したのは、彼が陸軍の参謀として台湾沖航空戦の虚報を最初に見抜いていたことを知ったからだった。昭和50年代の半ばに堀と親しい情報参謀の一人が、堀の情報が作戦参謀に握りつぶされた経緯を語ってから、奈良県の吉野で過ごしていた堀の老境の人生が変わった。メディアの取材が殺到したのだが、その経緯について語ることはなかった。私はあるきっかけがあり、堀から詳しく聞くことができた。

昭和19年10月、堀は東京からフィリピンの第14方面軍の山下奉文のもとに、情報の分析を伝えるために出張することになっていた。マニラに向かう飛行機は台風で飛べなくなったので、九州の新田原で降り、体を休めることになった。その翌日だったか、海軍の攻撃機がアメリカの機動部隊を攻撃するために次々と飛び立った。そして夕方に戻ってきて、参謀たちの詰め所に戦果の報告に行く。いずれも興奮した口調で「空母撃沈」とか「駆逐艦撃沈」などと報告する。参謀たちは「よくやった」と黒板に書き込んでいく。誰もが興奮していた。

堀はその異様さに驚いた。なぜ空母とわかったのか、駆逐艦であることの証明は、と尋ねていくと、誰もが答えられなくなる。堀は報告が信じられなくなった。詰め所の外に出ると、陸軍の飛行隊長とおぼしき人物が憮然として芝生に座っている。堀を見て「海軍さんの報告はおかしい。私らのパイロットはまだほとんど帰ってこない」と目を伏せている。アメリカ軍はそんなに甘くないとも言う。堀は大本営の情報部長に、戦果を確認すべきとの暗号電報を打った。

その電報がどのような形で処理されたのかは本人にはわからない。堀にはどう見ても2、3隻の戦艦に損害を与えたに過ぎないと思われるが、上層部の間で正確に把握してこれからの作戦に生かせればいいとの願いがあった。

ここで重要なのは、陸軍内部にはこの航空戦の戦果がかなり水増しされているとの情報が入っていたことである。それがなぜ検討されなかったのか。参謀とはいえ堀は末端の一将校であり、そこまで知る立場になかった。

ここで第14方面軍が当初行うことになっていたルソン島の決戦が、台湾沖航空戦によってレイテ決戦に変わった経緯を明らかにしておこう。

台湾沖航空戦にひとまず決着がつき、台風も収まって、堀はマニラの方面軍司令部に赴いた。

ところが司令部は興奮状態で、台湾沖航空戦の戦果に大喜びである。堀は、自分の電報は無視されたのだなと実感したという。この戦果をもとに大本営からはルソン島での決戦ではなく、レイテ決戦に切り替えよとの命令が届いていた。アメリカ軍の機動部隊は壊滅状態で、レイテに上陸してきてもそれほど多くの兵員を送り込むことはできない、ならばレイテで叩いてしまえ、というのであった。

レイテに来るアメリカ海軍を叩けとの作戦変更に、山下や参謀長の武藤章は反対であった。マニラから600キロも離れたレイテにどうやって兵員を送るのか、船団だってないではないか。

しかしそういう意見は通らない。アメリカ軍はレイテに上陸部隊などを送る余裕はない、とにかく叩け、という命令だったのである。

実際にはアメリカ軍の機動部隊が次々にレイテに押し寄せているのに、それは台風を避けているのだとか、日本軍に大破されているのだから修理のためだとか、日本に都合の良い理由をつけてはレイテ決戦だと、強引にルソンからレイテに変えたのである。

レイテ湾に入って来るアメリカ海軍の機動部隊は、何らの損害を受けていない、これらは上陸作戦のためだと、堀は山下や武藤に説明を繰り返した。しかし司令部の参謀たちは、「堀参謀の報告は間違いである」と批判してもいる。山下は堀がかつての第1師団長の堀丈夫の養子でもあり、堀の能力を評価していた。堀の詳しい報告に納得したが、大本営の命令には逆らえなかった。こうして第14方面軍は昭和19年10月22日にレイテ決戦に舵を切った。

「つまりは握りつぶすことになった……」

堀栄三が送った台湾沖航空戦への疑問の電報は、大本営作戦部にどのような影響を与えたのか。つまりは与えなかったからルソン島決戦はレイテに変えられたとも言える。大本営の情報参謀の杉田一次も東京から山下司令部に来て、「台湾沖航空戦でアメリカ海軍は大きな損害を受けている。レイテで国運を懸けてほしい」と山下奉文や武藤章を説得していた。ということは、堀の電報（台湾沖航空戦の戦果は怪しい）は情報参謀たちも知らないか、それとも無視されたのか、いずれかであった。

なぜ陸軍内部に虚偽の戦果が伝わってしまったのか、検証する必要がある。

これには単に陸軍の体質とか、大本営の横暴のケースだとして目をつぶってしまうわけにはいかない問題が内在している。あえて言えば日本の陸海軍は、作戦部主導で他のセクションについては軽視される空気があった。陸大時代の成績上位の者が軍の中心をなす作戦部に進み、情報や兵站などの意見はなかなか採用しなかった。本来、重要な役割であるはずの情報や兵站に属する者は、軍務の中心には進まなかったという事実が指摘されるの

東京裁判（極東国際軍事裁判）でソ連側証人として証言する瀬島龍三・元中佐＝昭和21（1946）年10月18日、東京・市谷 ©共同通信イメージズ

だ。

話は飛んで昭和33（1958）年のことだが、当時東京で仕事を得ていた堀栄三のもとに、同じ時期に作戦課の参謀だった瀬島龍三から連絡があった。瀬島はシベリアに抑留され、ソ連の刑法のもと禁錮刑を科せられ、この2年ほど前に日本に帰国したのである。

堀は瀬島と虎ノ門にある共済会館で会ったという。その時に瀬島は「あの台湾沖航空戦でただ一人、あれはおかしいと言った参謀がいた。君だよ」と2年後輩の堀に打ち明けた。自分は作戦参謀としてあの電報を、つまりは握りつぶすことになった。作戦が変わったんだからね、と瀬島は呟いた。瀬島はそのことが気になっていたとも漏らした。一方で堀は、自分は間違ったことはしていなかった、と心が晴れていくのを感じた。電報は届いていたのだという安堵感があった。

私は堀からこの時の様子（例えば2人はカレーライスを食べたとか、その時の食堂の状態など）を詳しく聞いた。そして瀬島とも会ってこの話を確かめようとした。

瀬島への8時間のインタビュー

瀬島龍三は堀の電報を無視する形になったのだが、そこにはどのような判断があったのだろうか。確かに太平洋戦争の緒戦は戦果を挙げて、軍事指導者はまさに喜びの極致にいた。ところが次第に国内は沈鬱な空気に支配される。台湾沖航空戦はその沈鬱を破る福音と受け止められたのである。願望が事実に転化し、その事実を喜び合うことで事実は真実になる。

情報参謀の堀と、作戦参謀の瀬島の2人には、当時30代前半の有能な参謀との評価があった。もし瀬島が堀からの電報を手にして、海軍の発表に異存があると申し出たら、陸軍の作戦参謀が何を言うかと抗議されたであろう。逆に陸軍の発表に海軍側がクレームをつけたなら、陸軍側が不快感を示したであろう。双方が相手側の発表をそのまま受け入れる、そんな厳然とした官僚組織が出来上がっていたのは間違いない。願望が事実に転化する背景がここにあった。

そういう前提で、私は昭和62（1987）年3月に瀬島に取材することができた。伊藤忠商事の会長、第二臨調の委員などいくつもの肩書があった。2日間にわたり、8時間に及ぶインタビューであった。この航空戦については、私の予想通り瀬島は「堀くんには会っているけれど、そんなことを言った記憶はないんだ」と繰り返した。

しかしその口ぶりには戸惑いと、話したくないとのニュアンスがあった。もう触れてほしくはないというのが、私にはわかった。むろん海軍の発表は怪しいと、大本営陸軍部の参謀たちが感じていた様子もある。瀬島一人が握りつぶすことはあり得ないにしても、レイテ決戦は瀬島も担当の一人だったのだから応分の責任があり、それが堀への告白につながったようである。

昭和天皇はこういう経緯を大まかに知っていた節もある。「昭和天皇独白録」の中であえてレイテ決戦に触れ、「(あの時は)陸海軍の意見が一致しないのみならず、陸軍部内に在っても山下(奉文)と寺内(寿一)総司令官と参謀本部との間の意見が纏まらない。山下は比島を守ろうとする、恐らく之が一番良かっただろう」と発言している。堀の見方を支持しているのである。

(6) 大西瀧治郎はどのように「特攻の責任者」にされたか

外道作戦の拡大

レイテ海戦の最終段階で特別攻撃隊の編成が行われ、前述したように昭和19年10月25日の朝、敷島隊と菊水隊がアメリカ軍の空母に体当たりした。

特攻作戦の始まりである。

神風特攻隊は関行男大尉を隊長とする攻撃隊が最初であった。

「敷島の大和心を人問はば朝日に匂ふ山桜花」という本居宣長の和歌からとって、敷島隊、朝日隊、大和隊、山桜隊、それに菊水隊（楠木正成の旗印）などで編成されていた。攻撃隊の山桜隊の2機が、10月25日午前7時40分にスリガオ海峡でアメリカ軍の護衛空母を発見して体当たりしている。この日は敷島隊をはじめ他の攻撃隊もそれぞれの地点でアメリカ軍の艦艇に体当たりし、散華していった。敷島隊の「零戦」1機に搭乗していた関隊長もタクロバンの東方90浬《カイリ》でアメリカ軍の空母群を発見し、彼の「零戦」は集中砲火を浴びながらも、護衛空母をめがけて突入している。

この特別攻撃隊の挙げた戦果は、実は誰もが予想だにしないほどの内容であった。この戦果が、つまりは「統率の外道」といわれる特攻作戦の拡大へとつながっていった。いわゆる「十死零生」の作戦である。

アメリカ側の戦史は、この25日の神風特攻隊による損害は極めて大きいと認めている（『第二次大戦米国海軍作戦年誌』）。沈没が「セント・ロー」で、損害は「サンガモン」「スワニー」「サンチー」「ホワイト・プレーンズ」「カリニン・ベイ」「キトカン・ベイ」などの護衛空母である。アメリカ軍に衝撃を与えたようであった。死傷者も１０００人を超え、飛行機もこのところの最大の損害（１２８機を失う）を受けたというのであった。

こうした特別攻撃隊の戦線への投入と敷島隊の戦果は、海軍上層部にも伝えられた。すぐに天皇にも報告された。天皇は、海相の米内光政には、「こうまでやらせなければならないことは誠に遺憾である」と言い、軍令部総長の及川古志郎には「誠によくやった。攻撃隊員に対しては愛惜に耐えない」と伝えたといわれている。天皇は特攻隊の報告を受けるときは直立の姿勢になったともいわれている。天皇は、この国の統治権の主権者として、米内に向けて、そこまでやらなければならないのかとの発言で胸中を語っている。国民の生命に対する責任感とも言えるであろう。逆に統帥の責任者に対しては、軍事の最高責任者としての大元帥の立場から、よくやった、との発言が出たのであろう。

天皇は上奏する者の立場に応じて、発言のポイントを変えるのだが、特攻作戦に対して、政治の立場からは納得しがたい感情を持っていたのではないかとも推測できる。この作戦の発案、そして実行に至るプロセスには極めて巧妙なトリックがあるように思えるのである。

　特攻作戦についての不明朗さは極めて簡単な表現で語ることができる。特攻作戦は大西瀧治郎によって発案され、実際に実行されたのだという神話である。確かに大西は積極的にこの作戦を進めた一人ではあるが、しかし大西の意向だけでこの作戦が全て行われたわけではなかった。むしろ大西の声が大きく、そして戦後になってその責任を取って自決したが故に、大西に責任を押し付けるような形での物語がつくられた。

　自ら「統率の外道」と評したこの作戦が、いかに戦略に反しているか、大西はよく知っていた。私は戦後になって、大西の苦衷を直接聞いた部下などから数多くの証言を得て、大西に全責任があるかのように話をつくり上げるからくりと、それが流布されていることに極めて作為的な動きを感じてならないのだ。そのからくりを見る前に、特攻作戦はどのように国民に伝えられたのか、そのことを確認しておかなければならないように思う。

大西瀧治郎・海軍少将＝撮影日不明

関行男に率いられた敷島隊の戦果は、華々しく最大級の称賛をもって国民に語られた。「10月28日、この偉勲に対する全軍布告は、海軍省公表として発表され、全国民に異常な感激を巻き起こすと同時に、戦局の急迫をしみじみと痛感させた」（『大本営発表の真相史』冨永謙吾）

この海軍省公表は、連合艦隊司令長官の豊田副武の名による文章である。敷島隊の関行男を筆頭に中野磐雄、谷暢夫、永峰肇、大黒繁男の5人の名が挙げられて、次のように称賛されたのである。

「神風特別攻撃隊敷島隊員として昭和19年10月25日○○時『スルアン』島の○○度○○浬に於いて中型航空母艦4隻を基幹とする敵艦隊の一群を捕捉するや必死必中の体当たり攻撃を以て航空母艦一隻撃沈同一隻炎上撃破巡洋艦一隻轟沈の戦果を収め悠久の大義に殉ず忠烈萬世に燦たり仍て茲に其の殊勲を認め全軍に布告す」

この時を機に特攻作戦は終戦の日まで都合290回に及んだ。

各新聞はこの海軍省公表をもとに紙面を作っている。「この忠烈、愛機に爆装体当たり攻撃」といった具合に、この行為こそ神国日本にあっては不滅、と煽り立てた。このような空気が醸成されることで日本の戦争は変質していった。

大西発案の証拠とは？

特別攻撃隊の作戦が現実に行われることになって、逆に日本の戦争政策はある構図を示すことになった。例えば海軍士官は、その性格からいっても技術者としての側面があり、加えて青年期から世界を航海して見聞を広げている。社会的思考を持つ習慣があった。それ故に、と言うべきだが、「作戦の計画を立てる上でもある種の合理性を保っており、参加者が生きて帰ってくる可能性がゼロであるような作戦を立てないという不文律を守ってきました」（『戦時期日本の精神史』鶴見俊輔）と見られていた。

それが特攻作戦に手を染めたのである。敗戦に怯えての集団熱狂とも言うべき状態になったのだ。戦争のルールを大きく踏み外したと言うべきであった。海軍の特攻作戦は、大西瀧治郎の発案といわれているのだが、むしろ大西は当初（昭和18年7月ごろだが）、体当たり攻撃の作戦案が持ち上がった時には反対していた。しかしサイパン島玉砕の後は、体当たり攻撃による戦況の打開を公然と口にするようになっている。

軍需省航空兵器総局の総務局長だった大西に、第1航空艦隊司令長官への異動命令が下ったのが昭和19年10月5日であった。赴任するにあたって大西は、その時の海軍の軍令部首脳の3人（軍令部総長の及川古志郎、次長の伊藤整一、作戦部長の中澤佑）と話し合っている。特攻作戦を行いたいから了解してほしい、と大西は訴えたとされる。しかし3人は沈黙を守り、答えなかったと中澤佑の戦後のメモには書かれているという。ただ及川が、軍令部も了解するが、「決して命令の形では行ってほしくない」と伝えたという。この中澤メモが、大西の発案、実行という根拠の重要な重みを持っている。つまりこれが有力な証拠とされたのである。

ところが実は、特攻作戦はこれ以前に文書化されていたのである。軍令部内では、体当たり攻撃を行う特攻兵器の開発を製造していくことをこの年の4月9日には決定していた。人間魚雷「回天」や特攻滑空機「桜花」などを製造し、採用することに決めていたのである(「桜花」などは10月1日に実施部隊を編成)。9月には「特攻部」をつくり実施部隊を動かすほどになっていた。つまり軍令部の首脳は大西の持論に目をつけ、航空特攻を実施する先駆けの役を課したのである。

大西はそのような事情を知らずに1航艦の司令長官としてその役を担った。この背景には、海軍の組織上の誤りを個人に押し付けたという構図がある。

隊の名称は誰がつけたか？

海軍の特攻戦略は、弦を離れた矢のように一直線に突き進んでいった。大西瀧治郎が矢を放ったことになるが、この戦略は戦術として妥当なのか否かという問いかけが行われる空気はなかった。特攻隊の隊員たちを神様扱いする異様な状況がつくられていった。

大西がフィリピンのマバラカット基地で初めて特攻隊を編成したのは10月19日の夜から翌20日の未明にかけてである。戦後に特攻隊神話の先駆けとなった『神風特別攻撃隊の記録』（昭和26年刊、猪口力平、中島正）という書は、いわば特攻についての具体的なエピソードが描かれている。しかも著者の1航艦の参謀と1航艦201航空隊飛行長といった肩書を見れば、大西の部下でもあるのだからと信用したくもなる。この書によると、神風特別攻撃隊という名称は、猪口が提案して大西が了解し、敷島隊、大和隊、朝日隊、山桜隊などは大西が命名したと記録されている。

しかし大西に宛てた軍令部の「特別攻撃隊に関する処置」の電文は、軍令部参謀の源田実によって起案され、10月13日に打たれている。つまり源田の電報によると、大西が赴任する際に軍令部の3人の首脳と話し合ったときに合意ができ、特別攻撃隊の設置だけでなく、部隊名まで軍令部では決めていたのだ。なんのことはない、大西は決められた道を歩んだに過ぎず、猪口、中島も大西に責任を押し付ける記述を前述の書で行っている。

このあたりのことは戦後のジャーナリスト、戦史研究家、気骨のある海軍軍人などによってほぼ全体図が明かされている。戦後も存命していた作戦部長の中澤佑や参謀の源田実などは、大西が責任者ではなく、軍令部自体が特攻作戦の具体案を決めていたのではないか、との質問を浴びるたびに話をそらしたり、回答を拒否したり、あるいは忘れたとシラを切ったりしている。

防衛省の戦史叢書（『海軍捷号作戦』）では、「（大西は）体当たり攻撃を行った場合の名称などまで主務者（軍令部）との打ち合わせが済んでいたのかもしれない。また源田参謀は零戦150機の準備を同中将に約束した」という。大西に特攻用に零戦150機を回すと約束したのだ。

こうした状況をつぶさに見ていくことで、今私たちは何を問うべきなのか。当たり前のことを戦時下も戦後も主張した気骨のある軍人の言に耳を傾けるべきだと気がつく。

死刑も覚悟した美濃部少佐の発言

特攻作戦に公然と異を唱えた航空部隊の指揮官がいる、と元海軍軍人たちから密かに聞いたことがある。昭和の終わりのころである。本人も戦後は口にしないし、海軍内部でもあまり公にはされていない。私はある軍人の手づるで愛知県の中小都市に住んでいるその指揮官を訪ねた。平成元（1989）年から2年にかけて何度か話を伺った。

航空部隊・芙蓉部隊の指揮官だった美濃部正・少佐である。戦後、航空自衛隊の空将で退官、私が会った時は74歳であった。何度か通っているうちに、美濃部は少しずつ詳しい状況を話してくれるようになった。私がもっとも驚いた話から紹介していく。

昭和20年が明けて間もなく、連合艦隊司令部はレイテ決戦での特攻作戦が一定の戦果を挙げたというので、今後はこの作戦で起死回生を図る方針を固めようとしていた。

各飛行部隊の責任者たち100人近くが木更津の航空基地に集められた。軍令部の参謀もいて、いわば海軍の航空戦の戦術会議のようなものであった。

「今後は沖縄戦などを含めて特攻編成で行う」と軍令部などは強圧的であった。飛行隊長の中には練達のパイロットが少なくなっているのに、これは意味がないと叫びたい者が多かったはずである。

美濃部は次第に腹が立ってきた。とうとう我慢ができなくなり発言を求めた。抗命罪で軍法会議か、と覚悟しての発言であった。美濃部は体が硬くなるのを感じた。

「特攻作戦だけでアメリカ軍に奪われている制空権を破ることはできません。特攻の掛け声だけで勝てるわけではないのです」

そこで軍令部の参謀と美濃部の間で、激しいやりとりがあった。美濃部は最後の切り札を口にした。

「あなたたちは命令する側にいて、実際に体当たりするわけではない。敵の弾幕をくぐって体当たりするのは、どれだけ大変か。私は自分で航空戦をやっているから、あなたたちよりはわかる。今の戦局に指揮官が死を賭して戦う状態になっていないではないか」と本音を述べたのだ。ああ自分は死刑になるな、と覚悟し、言うべきことは言わなければならないとの姿勢を貫くことにした。

その時の心理はどうでしたか、と問う私に、美濃部は「たとえ戦時下といっても、死しかない命令を下す権利はいかなる人物にもない、というのが私の人生観でしたから」と淡々と答えた。

しかし美濃部は、自宅の応接間でのその口ぶりは、今も私の記憶の底に根を下ろしている。西瀧治郎から、軍法会議にかけられることはなかった。むしろ1航艦の司令長官の大中を明かした。2人は酒が飲めなかったので、航空戦力の話に終始し、大西は「誰が好んでこんな外道の作戦をするものか」と25歳近くも年下になる後輩に苦衷を漏らした。いわば特攻作戦に異を唱えた飛行隊長に心を許したのである。

喪われた若き命、3千8百人余……

2人の間に生まれた了解は、特攻作戦を命じた指揮官は、自分も必ず死ぬという前提でなければならないという点にあった。美濃部から話を聞いているときに、その言葉は特攻作戦を命じた者の常識であり、大西はすでに自らも死ぬと決めていたことがわかった。

美濃部の部隊は、特攻作戦は行わない（片道だけの燃料では飛ばない）、代わりに難度の高い攻撃に積極的に挑むなど、美濃部の説く「100％の死しかない命令は出さない」を文字通り具現化した飛行部隊として戦史に名を残した。

数年後、私は美濃部の部隊を特攻作戦を拒んだ部隊として雑誌で紹介した。発売から間もなく、真夜中に未知の人物から電話を受けた。美濃部さんのことを書いてくれてありがとう、あの人は我々の恩人なんだ、と涙声で話す。いまお仕事は、と尋ねるとそれは言えない、ある企業の役員なんだ、こんな時間にしか電話ができない立場だと言った。

特攻作戦はむろん戦争の枠内で論じられなければならない。しかしたとえそうであれ、人格、人間性を土台に据えて論じなければ、この残酷なシステムを容認することになりかねない。

美濃部は戦時下でも自らの心中をつづるノートを残していた。それとは別に戦後になってわかったこと、あるいは気がついたことなどを丁寧に書き残していた。それらのノートを、私は見ることができた。

終戦時に書いたノートには次のように書かれている。

「終戦時軍令部次長として割腹、特攻隊員と死を共にした事で多くの日本人は、特攻作戦

沖縄戦で本土からの特攻出撃を前に、それぞれの郷里に向かって、家族に別れの挨拶をする「義烈」空挺隊員。このうち何人が帰れたか——＝昭和20（1945）年5月1日、撮影場所不明

そのものを愛国精神の昇華されたものとして、大西中将の特攻命令を是認している。一億総特攻と大本営に踊らされ国民も沸き立った。しかし、突入したのは訓練もろくに受けない学徒であり、少年飛行兵であった。（以下略）」

さらに美濃部のノートには、特攻作戦をすすめた1航艦司令部の大西瀧治郎や参謀たちが、レイテ作戦の失敗のあとに司令部を危険なクラーク基地から台湾に移したことへの激怒の言葉が書かれている。それが学徒兵や少年飛行兵を特攻に用いた司令官、参謀のやることか、と怒りを書き続けるのである。

「特攻が勝利救国の戦法なら散華した英霊も浮かばれる。信念と称して殺人命令を出しながら、与えられた兵力を使いはたし、破れて比島を護り得なかったその責任も取らず、台湾で何を成さんとしたのか。軍命令は、天皇の御名において出されて居る。若者に死を命じながら司令部のみ逃れたことに、一億総特攻の空々しさを国民は知らぬ」

美濃部の怒りは、実際の飛行部隊の指揮官クラスに共通のものだった。

大西が台湾の司令部へ飛行機で移動する時、参謀の一人は、特攻を命じたこの地で司令部も運命を共にすべきではないか、と大西に異を唱えている。大西は、特攻作戦はまだ続けるのだと、その参謀を殴りつけている。美濃部はそれを怒っているのだ。

しかもアメリカ軍との航空戦で敗れて台湾基地に戻ってきた2人のパイロットに、司令部の参謀は「敵はセブ、アメリカ軍の支配下にある比島のセブ基地」にと命令している。

美濃部は、「自らは飛ぶことも知らず、ましてや十字砲火、直衛戦闘機の阻止力も知らず体当たりこそ必中大和魂が神風を呼ぶ等と、戦略戦術も考える能力のない輩と、天皇の御名を借り非情な命令を下した将軍の罪が不問にされている」と書いて、自分はあえて問題を提起し、「純真に祖国を救う為に戦った若き戦士」の霊を偲《しの》ぶべきだと追悼するのである。

戦後のメモは、太平洋戦争の軍令の面に、「軍統帥部と政府機関の逸脱無能にこそ反省すべき」点が多いというのである。美濃部は特攻作戦が本当に必要だったのかと、海軍兵学校出のパイロットとして根本から疑問を投げかけている。美濃部の説く当たり前の意見が通らない末期の戦争の状況には、あまりにも多くの矛盾が露呈していたのだ。

　私たちは、この視点にこそ「歴史的意味」があると確認すべきなのである。戦後76年を迎える今、問われているのはそのような問題意識である。


　太平洋戦争下で特攻死した搭乗員たちはどれほどいたのだろうか。実はその詳細はわかっていない。特攻隊でなくても、そのような死を受け入れた搭乗員もいたであろうし、逆に特攻隊員であっても死を受け入れなかった者もいる。特攻基地で搭乗員の送り出しを行った下士官の中には「帰りのガソリンも入れておいた。爆弾を投下したら、どこかの基地に逃げ帰れ。何も慌てて死ぬことはない」と隊員の耳元で囁いたと証言する者もいる。実際にその言葉にうなずいて死なずにすんだ隊員もいた。

　特攻隊慰霊顕彰会が編纂した『特別攻撃隊』（平成2年刊）での全戦死者数は海軍が4156人、陸軍は1689人とされる。この中には特攻隊員としての訓練中に事故死した者なども含まれている。

　従って特攻死の実数は不明ということになるのだが、こうした資料さえ残していないことは軍内での特攻の扱いが極めて曖昧だったと言っていい。この『特別攻撃隊』によるなら、体当たり攻撃を行ったと思われる航空特攻での戦死者は、海軍が2431人、陸軍が1417人だという。これらの合計が3848人であり、この数字がさしあたり特攻作戦で体当たり攻撃を行った隊員の総数になると言える。

あとがき

戦争において、相手を騙す、あるいは欺く、というのは戦術の一つである。私は、太平洋戦争時の資料を読むたびに、そういうトリックでの化かし合いこそが人間的なのかと思い至るのであった。太平洋戦争の直前の日米交渉で、日本側はアメリカ側に暗号電報が解読されていて、交渉自体がアメリカ側の手の内で踊っているような結果になっている。こういうことは、つまるところ頭脳戦というレベルにあっても日本は見事に敗れていたということになる。

少々漫画的な表現になるのだが、日本側は解読されていることを知らない。そこで例えば、アメリカを山本さんという符牒で呼び、日本を我が家と言い、交渉がまとまることを赤ん坊が生まれるとする。交渉が停滞していることを、難産している、というような暗号を決めておく。むろんこれは、事前に本省とワシントンの日本大使館の暗号電報で伝え合っておくのである。しかし、それがアメリカ側に筒抜けだった。

そんなことは知らないから、東京から外務省の高官が、ワシントンに電話をして大使館の書記官などと、次のようなやりとりをする。「山本さんは元気かね。機嫌はいいかな」「元気ですよ」「無事に赤ん坊は生まれるかな。そうだといいんだが――」「我が家も応援しているんですが、山本さんも言うことを聞いてくれませんね」「難産の様子なんだね」「そうですね」。こう言うやりとりで交渉はなかなか円滑には進んでいないとの情報を伝えるのである。しかし暗号が解読されているから、会話の内容はすべてアメリカ側に読まれているのであった。

こういう話をいくつも集めてみると、現実の政治、軍事などは、基本的には化かし合いや駆け引きの中で自分の側に都合の良い情報を引っ張り出すのが役目なのだと知ることになる。まさに「謀は密なるを以て良しとす」が当たっていることになるのであろう。

本書は『陰謀の日本近現代史』というタイトルだが、近現代の日本史を少し角度を変えて見てみようという視点で「日刊ゲンダイ」で連載を始めた「日本史縦横無尽」の稿を元に編んでいる。近現代史の中から興味を持たれそうな話を選んで執筆していこうと決めている。もとより昭和の事件、事象に限らず明治維新のエピソードなども取り入れて、日本人の近代、現代は、長い鎖国の時代を経てたどり着いたのだが、その姿を丹念に見ていこうとの思いもある。言うまでもなく日本の近代、現代にはその国民性が如実に反映している。それを正直に語っていくことによって、この国の自画像を描きたかったのである。
令和という時代に入って、明治、大正生まれの人はもうわずかしかいない。驚かされるのは、昭和が終わり平成になった頃は衆議院議員の約90パーセントは、昭和20年8月の戦争終結以前の生まれだったという。ところが令和に入ったときには、この世代の衆議院議員はわずか8％ほどだという。日本社会から戦争の影は着実に消えていったということだ。
その意味では、本書の内容は歴史に移行していると言っていい。とはいえ、歴史的教訓というのは時間とともに重い意味を持つはずである。本書をそのような姿勢で読んでもらえれば、これに過ぐる喜びはない。

「日刊ゲンダイ」連載では、同社の社長寺田俊治氏、編集委員の森田健司氏にお世話になった。さらに本書にまとめるにあたっては、朝日新聞出版の新書編集長・宇都宮健太朗氏と編集者の福場昭弘氏に尽力いただいた。諸氏に謝意を表したい。

令和2（2020）年12月　コロナ禍の日々の中で

保阪正康

保阪正康　ほさか・まさやす
1939年、北海道生まれ。ノンフィクション作家。同志社大学文学部社会学科卒業。編集者を経て作家活動に。「昭和史を語り継ぐ会」主宰。延べ4千人に及ぶ関係者の肉声を記録してきた。2004年、第52回菊池寛賞受賞。『昭和陸軍の研究』『昭和の怪物　七つの謎（正・続）』『昭和史の急所』『負けてたまるか！　日本人』（共著）など著書多数。

朝日新書
800

陰謀《いんぼう》の日本近現代史《にほんきんげんだいし》

2021年1月30日第1刷発行
2021年2月20日第2刷発行

著　者　保阪正康

発行者　三宮博信
カバーデザイン　アンスガー・フォルマー　田嶋佳子
印刷所　凸版印刷株式会社
発行所　朝日新聞出版
〒104-8011　東京都中央区築地5-3-2
電話　03-5541-8832（編集）
　　　03-5540-7793（販売）
©2021 Hosaka Masayasu
Published in Japan by Asahi Shimbun Publications Inc.
ISBN 978-4-02-295109-0
定価はカバーに表示してあります。
落丁・乱丁の場合は弊社業務部（電話03-5540-7800）へご連絡ください。
送料弊社負担にてお取り替えいたします。

朝日新書

疫病と人類
新しい感染症の時代をどう生きるか

山本太郎

新型インフルエンザ、SARS、MERS、今回のコロナウイルス……近年加速度的に出現する感染症は、人類に何を問うているのか。そして、過去の感染症は社会にどのような変化をもたらしたのか。人類と感染症の関係を文明論的見地から考える。

教員という仕事
なぜ「ブラック化」したのか

朝比奈なを

日本の教員の労働時間は世界一長い。また、教員間のいじめが起きたりコロナ禍での対応に忙殺されたりと、労働環境が年々過酷になっている。現職の教員のインタビューを通し、現状と課題を浮き彫りにし、教育行政、教育改革の問題分析も論じる。

ルポ トラックドライバー

刈屋大輔

宅配便の多くは送料無料で迅速に確実に届く。だが、IoTの進展でネット通販は大膨張し、荷物を運ぶトラックドライバーの労働実態は厳しくなる一方だ。物流ジャーナリストの著者が長期にわたり運転手に同乗取材し、知られざる現場を克明に描く。

坂本龍馬と高杉晋作
「幕末志士」の実像と虚像

一坂太郎

幕末・明治維新に活躍した人物の中でも人気ツートップの坂本龍馬と高杉晋作。生い立ちも志向も行動様式も異なる二人のキャラクターを著者が三十余年にわたり蒐集した史料を基に比較し、彼らを軸に維新の礎を築いた志士群像の正体に迫る。

朝日新書

いまこそ「社会主義」
混迷する世界を読み解く補助線

池上　彰
的場昭弘

コロナ禍で待ったなしの「新しい社会」を考える。ベーシックインカム、地域通貨、社会的共通資本――かつて資本主義の矛盾に挑んだ「社会主義」の視点から、いまを読み解き、世界の未来を展望する。格差、貧困、マイナス成長……資本主義の限界を突破せよ。

アパレルの終焉と再生

小島健輔

倒産・撤退・リストラ……。産業構造や消費者の変化で苦境にあったアパレル業界は、新型コロナが息の根を止めた。このまま消えゆくのか、それとも復活するのか。ファッションマーケティングの第一人者が、詳細にリポートし分析する。

でたらめの科学
サイコロから量子コンピューターまで

勝田敏彦

「でたらめ」の数列「乱数」は規則性がなく、まとめられないことにこそ価値がある。サイコロや銅銭投げにはじまり今やインターネットのゲーム、コロナ治療薬開発、量子暗号などにも使われる最新技術だ。この優れものの知られざる正体に迫り、可能性を探る科学ルポ。

不思議な島旅
千年残したい日本の離島の風景

清水浩史

小さな島は大人の学校だ。消えゆく風習、失われた暮らし、最後の一人となった島民の思い――大反響書籍『秘島図鑑』（河出書房新社）の著者が日本全国の離島をたずね、利他的精神、死者とともに生きる知恵など、失われた幸せの原風景を発見する。

朝日新書

絶対はずさない おうち飲みワイン

山本昭彦

ソムリエは絶対教えてくれない「お家飲みワイン」の極意。ワインは飲み残しの2日目が美味いなどの新常識で、ワイン選びに迷わず、自分の言葉でワインが語れ、ワイン会を主宰できるまでの5ステップ。読めばワイン通に。お勧めワインリスト付き。

女系天皇
天皇系譜の源流

工藤 隆

これまで男系皇位継承に断絶がなかったとの主張は、明治政府の創出だった!『古事記』『日本書紀』の天皇系譜に加え、考古学資料、文化人類学の視点から母系社会系譜の調査資料をひもときながら、日本古代における族長位継承の源流に迫る!

陰謀の日本近現代史

保阪正康

必敗の対米開戦を決定づけた「空白の一日」、ルーズベルトが日本に仕掛けた「罠」、大杉栄殺害の真犯人、瀬島龍三が握りつぶした極秘電報の中身——。歴史は陰謀に満ちている。あの戦争を中心に、明治以降の重大事件の裏面を検証し、真実を明らかに。

20歳若返る食物繊維
免疫力がアップする! 健康革命

小林弘幸

新型コロナにも負けず若々しく生きるためには、免疫力アップが何より大事。「腸活」の名医が自ら実践する「食べる万能薬」食物繊維の正しい摂取で、腸内と自律神経が整い、免疫力が上がる。高血糖、高血圧、肥満なども改善。レシピも紹介。

分極社会アメリカ
2020年米国大統領選を追って

朝日新聞国際報道部

バイデンが大統領となり、米国は融和と国際協調に転じるが、トランプが退場しても「分極」化した社会の修復は困難だ。取材班が1年以上に亘り大統領選を取材し、その経緯と有権者の肉声を伝え、民主主義の試練と対峙する米国の最前線をリポート。